Drei-Sterne-Küche

für zuhause

serviert von Andreas Doms

mit Rezepten von:
Vincent Klink ☆ Karl-Emil Kuntz ☆ Edy Ledig
Achim Müller ☆ Hans Stefan Steinheuer

Die Deutsche Bibliothek – CIP-Einheitsaufnahme

Doms, Andreas:
DREI-STERNE-KÜCHE für zuhause
SÜDWESTFUNK / SWF1 / Andreas Doms – 1. Aufl. – Baden-Baden : Media Tec GmbH, 1997

ISBN 3-931387-10-0

1. Auflage 1997

Titellayout: Marduk Buscher
Fotos: Tom Knopf
Scans: SRS Reproduktionen GmbH, Muggensturm
Satz: Achim Pawlikowski
Druck: Mittelbadischer Zeitungsverlag GmbH

Inhaltsverzeichnis

Vorwort

»Bundesbürger laden gerne Gäste« – diese kleine Meldung erschien Mitte September 1997 in den bundesdeutschen Tageszeitungen. Es ist offenbar wieder »in«, zu Hause was Leckeres auf den Tisch zu stellen und seine Familie, Freunde und Bekannte daran teilhaben zu lassen. Aus kulinarischer Sicht ist dies im Zeitalter des Fast-Food und der aufbackbaren Pizza aus der Tiefkühltruhe endlich ein Trend, der Feinschmecker aufatmen läßt. Aber kann unser Nachwuchs im Studentenalter überhaupt noch mit einem Gemüsemesser und einer Bratpfanne umgehen? Spaghetti kann jeder in's siedende Wasser werfen, aber wer macht das Pesto oder die frische Tomatensauce dazu? Ich sehe oft die völlig ratlosen Blicke junger Hausfrauen beim Einkauf, wenn sie mit ihrem Einkaufswagen vor dem Regal mit frischem Gemüse stehen. Oder der Kollege, der abends nach Büroschluß schnell noch eben was zum Abendessen einkaufen will und mit einer kalten Frikadelle, zwei Brötchen und einer Flasche Wein den Laden verläßt. Sieht so ein Abendessen nach acht Stunden harter Arbeit aus? Essen ist heutzutage leider vielfach zur schlichten Nahrungsaufnahme degradiert worden. Doch Essen hat etwas mit Genuß und mit Kultur zu tun. Eine vernünftige, abwechslungsreiche Ernährung ist die Forderung von Medizinern. Und eine ausgewogene, jahreszeitlich frische Küche sollte das Ziel von jedem sein, der sich – beruflich oder aus Hobby – an den Herd stellt. Eine Studie aus Amerika sagt zwar, daß Vegetarier eine etwas höhere Lebenserwartung haben als Fleischesser. Doch diese Aussage hat einen kleinen Haken:
Denn dieselbe Studie kommt zu dem Schluß, daß diejenigen, die regelmäßig Fisch, Fleisch und Geflügel in ihren Speiseplan einbauen, noch gesünder leben und noch älter werden! Und: Was nützt ein biblisch hohes Alter, wenn das Leben vorher nur aus Verzicht und selbst verordneter Genußfeindlichkeit bestanden hat?

Grundsatz dieses Buches ist: Nur beste Produkte gehören in die Küche! Das Fleisch sollte immer vom Metzger unseres Vertrauens kommen, Obst und Gemüse vom Markt oder aus dem Garten, der Zander und die Forelle tagesfrisch vom Fischhändler und das Wild am besten vom Jäger oder Förster – und das alles saisonal frisch. Grundregel: Frische Erdbeeren im März haben meist mehr als Tausend Kilometer im Kühltransporter hinter sich und so gut wie keinen Geschmack. Und einen frischen Wildhasen kann es im Juni nicht geben, weil er dann Schonzeit hat. Jeder Monat des Jahres hat kulinarisch reizvolle Produkte zu bieten. Wer sich danach richtet, kauft nicht nur preisgünstig ein, sondern boykottiert durch sein »Verbraucherverhalten« perverse Formen der modernen Massentierhaltung und die unnatürlichen Zuchtprodukte der Landwirtschaft.

Dieses Buch ist aufgrund vieler Tausend Rezeptanfragen zu der SWF1-Hörfunk-Serie »Drei-Sterne-Küche für zuhause« entstanden. Alle fünf Köche stehen tagtäglich am Herd ihrer renommierten Restaurants und Gasthäuser in Baden-Württemberg und Rheinland-Pfalz. Sie alle sind hoch dekorierte Meister in ihrem Fach und haben sich der regional-frischen Küche verschrieben. Geordnet nach den zwölf Monaten des Jahres haben sie ihre Lieblings-Rezepte zusammengestellt, die mit relativ wenig Aufwand in einer ganz normalen Hausfrauenküche nachzukochen sind. Bei allen verwendeten Grundprodukten haben sich unsere Meisterköche an dem verfügbaren Angebot des Marktes orientiert und auf teure Import-Produkte verzichtet: Rehleber statt Gänseleber – Pfifferlinge statt Trüffel! – das ist die Devise.

Die Weinempfehlungen zu den einzelnen Gerichten spiegeln den persönlichen Geschmack der Köche wider. Aufgrund möglicher Einflußnahmen von Weinproduzenten oder der Industrie hat die Redaktion bei der Gestaltung dieses Buches auf »Sponsoring« völlig verzichtet.

JANUAR

Ochsenschwanzragout im Wirsingblatt

Achim Müller, »Waldhorn«, Baden-Baden

Zutaten

2 Ochsenschwänze • 2 Zehen Knoblauch
2 Karotten • etwas Sellerie • 2 EL Tomatenmark • 1 EL Mehl • 3 Scheiben zerbröselter Pumpernickel • 1 Lorbeerblatt • 2 Nelken
15 Pfefferkörner • 1 Prise Piment
1 Zwiebel • 2 Scheiben Speck
8 Champignons • 3 Scheiben Toast

Zubereitung

Zwei Ochsenschwänze – beim Metzger in Stücke schneiden lassen – salzen und pfeffern, in Öl anbraten. Eine Zwiebel würfeln, zwei Scheiben Speck würfeln, acht Champignons würfeln und andünsten, drei Scheiben Toast (gewürfelt) anrösten.

Zwei Knoblauchzehen, zwei Karotten, etwas Sellerie, zwei Zwiebeln und Ochsenschwanzabschnitte anschmoren, mit zwei Eßlöffel Tomatenmark und ein Eßlöffel Mehl weiterschmoren (drei Minuten), mit ³/₄ l Rotwein und Rinderbrühe ablöschen, zum Kochen bringen.
drei Scheiben zerbröselter Pumpernickel, Lorbeerblatt, zwei Nelken, 15 Pfefferkörner, eine Prise Piment – aufkochen. Ochsenschwanz dazugeben. Im Backofen etwa eine Stunde weichschmoren, herausnehmen, etwas abkühlen lassen, Sauce durch Sieb passieren. Ochsenschwanz auslösen und in kleine Würfel schneiden.

Alle Zutaten mit dem Fleisch (ohne die Sauce) vermischen, mit Salz, Pfeffer aus der Mühle nachwürzen, mit Koriander abschmecken. Helle Wirsingblätter blanchieren, abtropfen lassen. Je zirka 70 g Masse in ein Wirsingblatt einschlagen, in gefetteten Bräter setzen und zirka 30 Minuten backen. Sauce aufgießen, nochmals 15 Minuten schmoren.
Als Beilagen eignen sich Kartoffelpüree oder rösche Bratkartoffeln.

Weinempfehlung

Oberrotweiler Käsleberg Spätburgunder (Rotwein), Weingut Salwey, Bischoffingen-Oberrottweil.

Anmerkung

Der Ochsenschwanz wurde in den letzten Jahrzehnten in der Küche als hochwertiges Abfallprodukt beim Schlachten angesehen und kam meist in die Suppe. Dieses recht preiswerte Produkt ist in der gehobenen Gastronomie aber wieder in Mode gekommen, weil sich ein Ochsenschwanz hervorragend zum Schmoren eignet – vorausgesetzt, man macht sich anschließend die Arbeit, das Fleisch säuberlich von den Knochen zu trennen. Dieses Fleisch ist sehr schmackhaft und eignet sich auch für Sülzen und Terrinen.

Schaumsüppchen von Petersilienwurzel

Karl-Emil Kuntz, »Krone«, Herxheim-Hayna

Zutaten

400 g Petersilienwurzel • 400 g Sahne flüssig
150 g Crème fraîche • 200 g Brühe
60 g Butter (fein gewürfelt) • Salz
1 Prise Zucker • 1-2 EL geschlagene Sahne
Frische Gartenkräuter

Zubereitung

Die Petersilienwurzel waschen, schälen, in kleine Stückchen schneiden und in Butter anschwitzen. Zuerst mit der Brühe ablöschen, dann mit Sahne und Crème fraîche auffüllen und weichkochen, danach mit dem Zauberstab oder im Mixer pürieren, dann durch ein Sieb passieren.
Die Suppe nochmals aufkochen und nach und nach die Butterwürfel untermixen.
Mit etwas Salz abschmecken. Zum Schluß die geschlagene Sahne unterziehen. Als Einlage kann man eine Zandercrepinette, gefüllte Raviolis oder auch ein sautiertes Stückchen Fisch geben, zum Beispiel Lachswürfel: Den Lachs vom Fischhändler filetieren lassen und in mundgerechte Stücke schneiden. In der Pfanne ein nußgroßes Stück Butter aufschäumen lassen, die gewürzten Lachswürfel ein bis zwei Minuten anbraten und in der heißen Suppe kurz nachgaren lassen. Die Schaumsuppe von der Petersilienwurzel in vorgewärmte Teller geben und mit ein paar frischen Kräutern ausgarnieren. Dazu paßt frisches Stangenbrot.

Weinempfehlung

Silvaner trocken, Dr. Steiner Johanneshof, Siebeldingen.

Anmerkung

Manche Leute stellen sich unter Petersilie grundsätzlich etwas Grünes vor, was kleingehackt wird und über die Kartoffeln gestreut wird. Doch gerade die Petersilienwurzel hat es in sich. Sie sieht aus wie eine kleine Rübe, hat eine hellbraune Schale und ist innen weiß. Diese Wurzel kann man weichkochen, wie ein Kartoffelpüree zubereiten und beispielweise auch als Beilage zu einem Fischgericht servieren. Viele Köche verwenden die Petersilienwurzel auch als eine Zutat zum Schmorgemüse. Wichtiges Gerät für die Schaumsuppe von Petersilienwurzel ist der Pürier- oder Zauberstab. Das kurze Aufmixen vor dem Servieren verstärkt noch einmal die natürlichen Aromen. Wenn Sie bei diesem Gericht mit einer Fischeinlage arbeiten, versteht es sich von selbst, daß die Suppe erst aufgemixt wird, bevor Sie die Einlage dazu geben.

Koteletts vom Frischling

Edy Ledig, »Edy's Restaurant«, Offenburg-Ortenberg

Zutaten

8 Frischlingkoteletts • 50 g Butter
1 Schweinenetz • Salz und Pfeffer aus der Mühle • 2 dl Pfeffersauce • 32 süß-saure Pflaumen

Füllung:
100 g Schweinenacken • 100 g Gänseleber
100 g Steinpilze (oder ähnliche Pilze) • 1 Ei
8 g Gewürzsalz • 1 TL Cognac • 50 g Butter
1 Schalotte

Pfeffersauce:
0,8 l Wildfond • 4-5 TL weißer, grob geschroteter Pfeffer • 1/4 l Sahne
1-2 cl Aceto Balsamico (ital. Rotweinessig)
Salz • 20-60 g eiskalte Butter (Ersatzweise Speisestärke zum Abbinden der Sauce)

Zubereitung

Die Pilze mit der gehackten Schalotte fünf Minuten in Butter schmoren. Schweinefleisch, Gänseleber und Pilze im Mixer feinhacken. Gewürzsalz, Cognac und Eier zugeben, gut verrühren. Die Koteletts salzen und pfeffern. In einer Schmorpfanne von beiden Seiten in sehr heißem Fett »englisch« braten. Auf eine Platte legen.

Die Farce über die Koteletts verteilen, mit einem Schweinenetz umhüllen. In einen Bräter geben und ein Stückchen Butter darauflegen. Etwa 15 Minuten bei mittlerer Hitze schmoren lassen.

Pfeffersauce:
Den Wildfond in einer Saucenpfanne auf ungefähr die Hälfte einreduzieren lassen, dann den Pfeffer dazugeben und die Sauce mit dem Pfeffer zehn Minuten ziehen lassen (nicht mehr kochen!). Danach den Fond abpassieren, mit 1-2 cl Aceto Balsamico verfeinern, die Sahne angießen und noch einmal reduzieren lassen, bis die fast perfekte Saucenkonsistenz erreicht ist. Dann die eiskalte Butter stückchenweise dazugeben und dabei die Sauce mit dem Zauberstab aufmixen (oder statt mit Butter die Sauce mit Speisestärke binden). Mit Salz abschmecken.

Die Koteletts auf einer vorgewärmten Platte anrichten. Pflaumen und Pfeffersauce separat dazu servieren. Als Beilagen eignen sich Kartoffel Suzette oder Schaumkartoffelpüree. Edy Ledig serviert außerdem noch süß-saure Zwetschgen. Es handelt sich hierbei um eingekochte, französische Ware aus dem Glas. Man kann aber auch deutsche Pflaumen aus dem Glas verwenden, wenn diese nicht zu süß sind.

Weinempfehlung

Blauer Spätburgunder, Weingut K. H. Johner, Vogtsburg-Bischoffingen.

Anmerkung

Die Wildschweine in Deutschland haben sich rapide vermehrt, besonders stark in den ländlich strukturierten Gegenden von Baden-Württemberg und Rheinland-Pfalz. Das bringt Vorteile für den Kunden: Erstens gibt es ein reichhaltiges Angebot, zweitens sinken die Preise. Wildschweinfleisch ist – im Gegensatz zu manchem Schweinefleisch aus Großmastbetrieben – in der Regel völlig unbelastet und sehr mager. Beim Einkauf sollte man darauf achten, daß das Fleisch von einem jungen Tier stammt, das nicht schwerer als 35-40 Kilogramm war. Die Jäger nennen ein Wildschwein in diesem Stadium einen »Überläufer«, weil es noch nicht geschlechtsreif ist. Auch sogenannte Frischlinge im Gewicht zwischen 12 und 20 Kilogramm sind eine Delikatesse.

Spanferkelcarré mit gehacktem Kümmel

Vincent Klink, »Wielandshöhe«, Stuttgart

Zutaten

600 g Spanferkelrücken • 1 EL Kümmel (mit einigen Tropfen Öl feingehackt) • 1 Zehe Knoblauch • Salz • Pfeffer

Zubereitung

Den Spanferkelrücken vom Metzger vorbereiten lassen. Die Schwarte in kleine Rauten einritzen. Gehackten Kümmel mit der Knoblauchzehe und etwas Öl mixen. Mit den Fingern die Schwartenritzen auseinanderziehen und die Kümmelmixtur gleichmäßig in den Furchen verteilen. Oberfläche mit Küchenkrepp säubern. Pfeffern und salzen. Einen halben Tag im Kühlschrank ruhen lassen. Mit etwas Öl den Rücken auf der Schwartenseite 15 Minuten auf kleinem Feuer braten, ohne daß die Schwarte dunkel wird. Nach 15 Minuten für weitere 15 Minuten in den auf 180 °C vorgeheizten Ofen geben und weiterhin auf der Schwartenseite zu Ende garen.

Vor dem Servieren das Fleisch in Portionen aufschneiden und auf vorgewärmte Teller legen. Bei dem Thema Beilagen sind der Phantasie keine Grenzen gesetzt: Kartoffelpüree paßt sehr gut, auch sind Winterkohlsorten wie Weißkraut, Rotkraut oder Wirsing ideale Begleiter.

Weinempfehlung

Spätburgunder Tafelwein, Weingut Ellwanger, Winterbach.

Anmerkung

Spanferkel kennen die meisten Zeitgenossen nur von irgendwelchen Partys und Festen, bei denen ein junges Schwein am Stück gebraten auf den Tisch kommt. Heute spielt Fleisch vom Spanferkel in der deutschen Spitzenküche eine zunehmend große Rolle, weil das Fleisch besonders zart und aromatisch ist. Auch hier ist wieder ganz besonders wichtig, daß das Tier aus vernünftiger, artgerechter Tierhaltung kommt. Dadurch, daß das Spanferkel immer auf der Schwartenseite gegart wird, bekommt man eine schöne Kruste. Wen das Fett darunter stört, der kann die Schwarte samt dem Fett abheben, letzteres mit dem Messer abschaben und die reine Kruste in Streifen schneiden und über das tranchierte Fleisch geben.

Gratin von Blut- und Zwergorangen

Hans Stefan Steinheuer, »Zur Alten Post«, Bad Neuenahr

Zutaten

Crème:
4 Eigelbe • 40 g Zucker • 0,25 l Sahne

Früchte:
Filets von 3 Blutorangen • 8 Zwergorangen
1 Vanilleschote • 0,1 l Läuterzucker

Eis:
0,1 l Milch • 0,15 l Sahne • 1 Vanilleschote
3 Eigelbe • 1 EL Honiglikör

Gratinmasse:
2 Eigelbe • 0,1 l Sherry süß • 40 g Zucker

Zum Karamelisieren:
100 g brauner Rohrzucker gemahlen

Garnitur:
Puderzucker • Minze

Zubereitung

Crème:
Die Eigelbe mit dem Zucker verrühren, die aufgekochte Sahne langsam zugeben. Das Ganze auf einem Wasserbad zur Rose abziehen (so lange im Wasserbad schlagen, bis die Eigelbe eine crèmige Konsistenz haben). Diese Masse zirka zwei cm hoch in tiefe Teller füllen und im Ofen-Wasserbad bei 100 °C Oberhitze und 150 °C Unterhitze zirka 15-20 Minuten pochieren (die Crème muß stocken).
Die in Scheiben geschnittenen Zwergorangen in Läuterzucker mit der ausgekratzten Vanilleschote aufkochen.
Das Ganze erkalten lassen und die Blutorangenfilets zufügen.

Vanillerahmeis:
Milch, Sahne und die ausgekratzte Vanilleschote aufkochen. Eigelb und Zucker miteinander aufschlagen. Heiße Milch und Sahne darauf gießen und auf dem Wasserbad zur Rose abziehen. Danach passieren und in der Eismaschine unter Zugabe von einem Eßlöffel Honiglikör frieren.

Gratinmasse:
Alle Zutaten zusammen aufschlagen bis eine crèmige Masse entsteht. Diese gestockte Crème mit gemahlenem Rohrzucker bestreuen und unter Oberhitze karamelisieren.
Die Früchte ohne Saft darauf verteilen und mit der Gratinmasse überziehen, dies nun nochmals unter der Oberhitze bräunen.
Anschließend eine Kugel Vanillerahmeis darauf geben.

Garnitur:
Mit Puderzucker bestreuen und mit einem Blatt Minze garnieren.

Weinempfehlung

Riesling Sekt Brut, Weingut Jean Stodden, Rech.

Anmerkung

Auch im Winter braucht man beim Thema Dessert nicht zu verzweifeln. Es gibt zwar keine frischen Beeren, aber die Auslagen in den Geschäften sind voll mit Zitrusfrüchten. Da ist reichlich Vitamin-C drin – und davon braucht der Körper gerade in der kalten Jahreszeit eine erhöhte Tagesration.

FEBRUAR

Topinambursuppe mit Wildschweinschinken

Achim Müller, »Waldhorn«, Baden-Baden

Zutaten

200 g Wildschweinschinken
6-8 Topinamburknollen • 1 Zwiebel
1/3 weiße Lauchstange in Streifen
50 g Sellerie in Streifen • 1 Knoblauchzehe
Salz, Pfeffer • 1/2 l Kalbsbrühe
2 EL Topinambur

Zubereitung

Topinamburknollen in Scheiben schneiden und mit den obengenannten Gemüsen und Gewürzen anschwitzen. 1/2 l Kalbsbrühe aufgießen. Zirka 30 Minuten kochen lassen. Mit dem Zauberstab oder Mixer durcharbeiten. Crème Fraîche dazugeben und mit einem Schuß Topinamburschnaps zum Schluß verfeinern. Den Wildschweinschinken in hauchdünne Streifen schneiden. Die Suppe in vorgewärmte Suppenteller geben und die Schinkenstreifen darüber geben.

Weinempfehlung

Riesling Kabinett trocken, Weingut von und zu Franckenstein, Offenburg.

Anmerkung

Topinambur wird zwar auch gerne »Roßkartoffel« oder »Erdbirne« genannt, ist aber eigentlich die Knolle einer Sonnenblumenart. Die Amerikaner nennen sie »Jerusalem-Artischocke«. Topinambur schmeckt süßlich, ist sehr gesund und kann wie die Kartoffel auch zu Püree verarbeitet werden. Sollten Sie beim Gemüsehändler dieses Gemüse nicht bekommen, fragen Sie einen Jäger oder Förster in Ihrer Nähe – Topinambur wird häufig auf Wildäckern angepflanzt. Und: Die Badener machen auch Schnaps daraus, der als sogenanntes »Verdauerle« schon zur Legende geworden ist. Achten Sie bei diesem Rezept darauf, daß der Schinken vom Wildschwein nur ganz mild gesalzen ist – am besten luftgetrocknete Qualität.

Saumagenwürstchen mit Crèmeweinkraut

Karl-Emil Kuntz, »Krone«, Herxheim-Hayna

Zutaten

Saumagenwürstchen:
200 g Kartoffeln (gewürfelt und blanchiert)
150 g Karotten (gewürfelt und blanchiert)
100 g Sellerie (gewürfelt und blanchiert)
50 g Lauch (geschnitten) • 500 g Schweinemett • 500 g Schweinefleisch (gekocht und gewürfelt) • 80 g Petersilie (gehackt) • Salz (Pökelsalz), Pfeffer, Muskat, Koriander, Lorbeer, Nelke, Kardamom • 20 g Majoran und Thymian (frisch gehackt)

Das Ganze vermengen und in Därme der Größe 22/24 abfüllen. Bei 70 °C ca. 15 Minuten garen.

Crèmeweinkraut:
100 g Zwiebeln (fein geschnitten)
50 g Speck (fein geschnitten)
100 g Schweineschmalz (Griebenschmalz)
1/2 l Weißwein • 1/4 l Brühe
1 kg Sauerkraut • 1/4 l süße Sahne

Für den Gewürzbeutel:
6 Stück zerdrückte Wacholderbeeren,
1 Lorbeerblatt, je 1 Zweig frischer Thymian und Majoran und etwas Kümmel • Salz
weißer Pfeffer

Zubereitung

Schmalz in einem Topf zergehen lassen, den Speck und die Zwiebeln darin andünsten. Das Kraut dazugeben, mit Brühe und Weißwein auffüllen, das Gewürzbeutelchen dazugeben und weichkochen. Mit Salz und Pfeffer abschmecken.

Die Würstchen in der Pfanne goldbraun braten. Danach das Crèmekraut auf vorgewärmten Tellern anrichten und die Saumagenwürstchen dazugeben.

Weinempfehlung

Siebeldinger Sonnenschein, Riesling Kabinett trocken, Ökonomierat Rebholz, Siebeldingen.

Anmerkung

Daß auch der Saumagen (angeblich Kanzler Kohl's Leibgericht) Einzug in die große deutsche Küche gehalten hat, ist Spitzenköchen wie Karl-Emil Kuntz zu verdanken. Es kommt eben – wie immer – auf beste Qualität der Zutaten und eine raffinierte Zubereitung an. Wer dieses Rezept einmal ausprobiert, wird ein absolutes Erfolgserlebnis haben. Die Därme für die Würstchen bitte beim Metzger vorbestellen!

Leberknödel auf Großmutters Art

Edy Ledig, »Edy's Restaurant«, Offenburg-Ortenberg

Zutaten

250 g durchwachsenes Schweinefleisch ohne Knochen • 250 g Schweineleber
80 g Mehl • 50 g Butter • 1 Zwiebel
2 Knoblauchzehen • 4 Eier • Salz und Pfeffer aus der Mühle • 100 g Butter
2 Zwiebeln • 1 EL gehackte Petersilie

Zubereitung

Die Zwiebel und die Knoblauchzehen schälen, in feine Scheiben schneiden und in Butter anbraten. Fleisch und Leber im Mixer feinhacken. Zwiebel, Knoblauchzehen, Mehl und Eier zu dem gehackten Fleisch geben, mit Salz und Pfeffer würzen, gut vermischen.

2-3 l Salzwasser in einem großen Schmortopf zum Kochen bringen. Mit Hilfe von zwei Löffeln den gewürzten Fleischbrei zu Klösen formen. Die Knödel zirka 10 Minuten in siedendem Wasser pochieren. Wenn die Knödel an die Oberfläche steigen, sind sie gar.

Die fertigen Knödel mit dem Schaumlöffel aus dem Topf nehmen und auf einer vorgewärmten Platte verteilen. Vor dem Servieren mit den geschälten, gehackten und in Butter goldgelb gebratenen Zwiebeln übergießen. Gehackte Petersilie darüber streuen.

Diese Knödel sind unter anderem eine ausgezeichnete Beilage zu Sauerkraut, Bratkartoffeln oder grünem Salat.

Weinempfehlung

Ortenberger Schloßberg, Sylvaner trocken, Offenburg.

Anmerkung

Wenn alle alten, handgeschriebenen Rezeptbücher unserer Groß- und Urgroßmütter gesammelt worden wären, würden sie wahrscheinlich eine riesengroße Bibliothek füllen. Sehr oft sind es alte, überlieferte Rezepte aus Omas Büchlein, auf die Spitzenköche zurückgreifen und die sie dann nur noch verfeinern müssen. Auch Edy Ledig's Leberknödel entstammen einem solchen alten Büchlein mit traditioneller elsässischer Küche. Bitte bei der Schweineleber auf beste Qualität achten! Bei diesem Rezept braucht man zum Mischen der Farce eine Küchenmaschine.

Gefülltes Kalbskotelett

Vincent Klink, »Wielandshöhe«, Stuttgart

Zutaten

4 Kalbskoteletts à 200 g • 65 g blanchierter Spinat (grobgehackt) • 100 g gekochter Schinken • 30 g Blattpetersilie
30 g geriebenes Weißbrot • 10 g Majoran
1/8 l Rotwein

Weinempfehlung

95er Fellbacher Lemmler, Trollinger trocken, Weingut Aldinger, Fellbach.

Zubereitung

Die Kalbskoteletts küchenfertig machen und beiseite stellen. Danach alle oben genannten Zutaten etwas salzen, pfeffern und durch heiße Butter schwenken.
Dann in einer Schüssel die Zutaten zu einer Füllung verarbeiten. Die Koteletts aufschneiden, so daß eine Tasche entsteht.
Die Masse noch einmal abschmecken und in die Koteletts streichen. In Butter bei geringer Hitze von beiden Seiten jeweils sieben Minuten braten. Kurz vor dem Herausnehmen des Fleisches, den Rotwein in die Pfanne geben, nach einer Minute die Koteletts herausnehmen und den Fond einreduzieren lassen, danach mit etwas frischer Butter binden.

Zu diesen Kalbskoteletts schmecken Nudeln am besten.

Anmerkung

Kalbfleisch ist schon vor Jahren aufgrund illegaler Hormon-Behandlung ins Gerede gekommen. Der Verbraucher reagierte sehr empfindlich auf diese Schlagzeilen und setzte dadurch einen heilsamen Prozeß in Gang. Mittlerweile verkaufen die meisten Metzger nur noch beste Qualität aus kontrollierter Aufzucht. Sehr gut schmecken Kälber, die beim Bio-Bauern gezogen und in den ersten Lebensmonaten auch mit Rauhfutter gefüttert wurden. Der gekochte Schinken bei diesem Rezept sollte nur einen ganz zarten Rauchgeschmack haben und ganz frisch vom Metzger kommen – Ware aus dem Vakuumbeutel eignet sich nicht.

Sauerkrautsuppe mit Blutwurst

Hans Stefan Steinheuer, »Zur Alten Post«, Bad Neuenahr

Zutaten

2 Schalotten • 50 g Butter • 0,2 l Weißwein
0,3 l Brühe • 0,5 l Sahne • 200 g Kartoffeln klein geschnitten • 150 g Sauerkraut mit viel Saft • 1 Lorbeerblatt • 1 Thymianzweig
1 TL Senfkörner • 1 Nelke • 1 TL Wacholderbeeren • 2 Knoblauchzehen • Crème fraîche • Salz • Cayenne-Pfeffer

Garnitur, Einlage:
1 Blutwurst (zum Braten geeignet)
Kartoffelwürfel • Sauerkraut • 1 EL Instantmehl

Zubereitung

Schalotten in Butter anschwitzen, mit Weißwein, Brühe und Sahne auffüllen, Kartoffelstreifen dazugeben und garkochen.
Das Sauerkraut in Brühe mit Gewürzen, Kräutern und Dörrfleisch garkochen (Kochzeit etwa 20 Minuten).
Dann das Sauerkraut mit seiner Brühe zu den gegarten Kartoffeln geben. Das Ganze mit Crème fraîche, Salz und Cayenne-Pfeffer abschmecken. Alles pürieren und durch ein Sieb streichen. Die Blutwurstscheiben mit Instantmehl bestäuben und auf beiden Seiten braten.

Die Suppe in vorgewärmten Tellern servieren und die gebratenen Blutwurstscheiben dazugeben.

Getränkeempfehlung

Ein Pils, am liebsten vom Faß.

Anmerkung

Deftige Sachen schmecken meist dann am besten, wenn am Vortag heftig gefeiert worden ist und Magen und Seele nach einer Stärkung verlangen. Gerade die Rheinländer machen aus Karneval ihre »tollen Tage« – und deshalb hat Hans Stefan Steinheuer diesen Muntermacher für den närrischen Monat kreiiert. Die Blutwurst, die als Einlage zur Suppe gedacht ist, sollte beste Hausmacher-Qualität haben. Bitte vor dem Braten die Blutwurst leicht mit Instantmehl bestäuben – dann bildet sich beim Braten eine Kruste und die Wurstscheibe fällt nach dem Braten nicht auseinander.

März

Geschmorte Rinderbacke

Achim Müller, »Waldhorn«, Baden-Baden

Zutaten

800 g Rinderbacke • 3 Knoblauchzehen
2 Tomaten • 1 Speckschwarte • 1 Zwiebel
2 Karotten • 1 Stück Sellerie • 1 EL Mehl
1/2 l Rotwein • 1/4 l Brühe • 1/2 TL gemischter Pfeffer • 2 Lorbeerblätter • 2 Nelken
1 Zimtstange • 1 Zweig Rosmarin
Gewürfeltes Honigbrot zum Andicken der Sauce • Salz • Pfeffer aus der Mühle

Für die Spätzle:
6 ganze Eier • 500 g Mehl • 1 Prise Salz

Zubereitung

Die Rinderbacken sauber parieren (von allen Häuten, Sehnen und Flechsen befreien), mit Salz und Pfeffer würzen und in einem Schmortopf von allen Seiten gut anbraten. Dann die drei Knoblauchzehen, die Tomaten und die Speckschwarte dazugeben. Zwiebel, Karotten und Sellerie würfeln und dazugeben, mit einem Eßlöffel Mehl bestäuben und ein paar Minuten anrösten. Danach den Rotwein und die Brühe angießen und etwa 1 1/2 bis zwei Stunden im Ofen bei mittlerer Hitze schmoren lassen. Die Ochsenbäckchen sind erst dann gar, wenn sie ganz weich sind.

Nach der Garzeit das Fleisch aus dem Topf nehmen und warm stellen. Zum Andicken der Sauce etwas fein gewürfeltes Honigbrot einrühren. Das Fleisch in Scheiben schneiden, mit der Sauce und den handgeschabten Spätzle servieren.

Spätzle:
Alle Zutaten zu einem geschmeidigen Teig verarbeiten und etwa eine halbe Stunde ruhen lassen. Danach die Spätzle vom Brett in kochendes Salzwasser schaben.

Weinempfehlung

Merdinger Bühl »Kalkbödele«, Spätburgunder Rotwein Kabinett, Weingut Mathis, Merdingen am Kaiserstuhl.

Anmerkung

Das einzige Kopffleisch, daß man heutzutage in den Metzgereien findet, ist Zunge. Nur in ganz wenigen Gasthäusern Badens steht noch »Kalbskopf« oder »Preßkopf« auf der Speisekarte. Noch seltener findet man geschmorte Rinderbäckchen – eine absolute Delikatesse. Dieses zarte Kopffleisch muß man beim Metzger vorbestellen und ein paar Tage im Kühlhaus reifen lassen. Im Elsaß und in Baden wird dieses Fleisch dann mit Pinot Noir oder Spätburgunder geschmort.

Wirsing-Krautwickel vom Zander

Karl-Emil Kuntz, »Krone«, Herxheim-Hayna

Zutaten

Farce:
100 g Hechtfleisch (ersatzweise Steinbutt oder Zander) • 100 g Crème double • 1 Ei
Salz • Pfeffer aus der Mühle • 3 EL geschlagene Sahne

Zander:
400 g Zanderfilet • 40 g Lachs (in dünne Streifen geschnitten) • 8 große Wirsingblätter • 4 Blätter Bratfolie • Butter zum Bestreichen der Folie

Siebeldinger Weißburgunder Sektsauce:
1/4 l Fischfond • 1 EL Crème fraîche
0,1 l Weißburgunder Sekt • 50 g kalte Butter
1 EL geschlagene Sahne

Zubereitung

Das gut gekühlte Hechtfleisch in Stücke schneiden, salzen und in der Küchenmaschine zu einer feinen Farce verarbeiten. Ein Ei zugeben, nach und nach auch die Crème double. Mit Salz und Pfeffer abschmecken und durch ein Haarsieb streichen, kalt stellen. Anschließend die geschlagene Sahne unterziehen. Jetzt den Zander in dünne Scheiben schneiden und leicht plattieren. Die Wirsingblätter vom Strunk befreien und kurz blanchieren, abkühlen lassen und auf ein Tuch je zwei Blätter zusammenlegen, trocken tupfen. Darauf die gewürzten Zanderscheiben legen und die vorbereitete Farce aufstreichen. An dem unteren Rand die Lachsstreifen einlegen und vorsichtig einrollen. Danach in die bebutterte Bratfolie einschlagen und an den beiden Enden zusammenbinden.

Sektsauce:
Den Fischfond auf ein Drittel im geöffneten Topf einkochen. Crème fraîche und den Weißburgunder Sekt dazugeben. Die kalte Butter mit dem Pürierstab einarbeiten. Zum Schluß die geschlagene Sahne unterziehen und mit Salz abschmecken.

Die vorbereiteten Wirsing-Krautwickel im Wasserbad bei exakt 70 °C 12-15 Minuten pochieren. Herausnehmen und vorischtig an beiden Enden aufschneiden. Pro Teller drei gleichgroße Stücke schneiden, zusammen mit der Sauce auf vorgewärmten Tellern anrichten.

Weinempfehlung

Siebeldinger Königsgarten, Weißer Burgunder Sekt, brut, Wilhelmshof, Siebeldingen.

Anmerkung

Wirsing ist ein tolles Kraut. Er hat in der Kohl-Familie einen eher dezenten Geschmack und läßt sich leicht und sogar schnell zubereiten. Man muß einfach nur die äußeren Blätter entfernen, den harten Strunk herausschneiden und den Wirsing in sehr feine Streifen schneiden. Man kann den Kohl vor dem Garen blanchieren oder in Schalottenbutter kurz andünsten. Speck und Sahne passen sehr gut zu diesem Gemüse. Bei dem Rezept von Karl-Emil Kuntz hat Oma's beliebte Kohlroulade Pate gestanden. Wirsing ist übrigens auch eine sehr leckere Gemüsebeilage zu Fisch.

Bananen-Bavaroise mit Rum

Edy Ledig, »Edy's Restaurant«, Offenburg-Ortenberg

Zutaten

2 reife Bananen • 2 dl Milch • 2 Eigelbe
100 g feiner Kristallzucker • 2 Blatt Gelatine
Saft von einer Zitrone • 3 dl Sahne
1 EL alter Rum • Vanillesauce

Zubereitung

Die Milch aufkochen, vom Feuer nehmen und warmhalten. Die beiden Eigelbe mit 100 g Zucker crèmig schlagen. Die heiße Milch nach und nach in diese Mischung einarbeiten. Über kleiner Hitze die Masse so lange mit einem Holzlöffel weiterrühren, bis sie bindet und den Löffelrücken überzieht.
Die eingeweichte und ausgedrückte Blattgelatine in der heißen Masse auflösen. Die Bananen schälen. Etwa 300 g Fruchtfleisch würfeln und sofort in Zitronensaft wenden, damit es sich nicht verfärbt.
Die Crème mit den Bananenstücken im Mixer etwa zwei Minuten gut durchmischen. Anschließend die Masse durch ein feines Sieb streichen und unter häufigem Rühren abkühlen lassen.
Danach die Sahne steif schlagen und unter die Masse ziehen.
Die Crème in eine Schale füllen und zugedeckt für mindestens zwei Stunden in den Kühlschrank stellen. Die Bananen-Bavaroise in der Schale auftragen. Dazu eine Vanillesauce reichen, die mit einem EL altem Rum aromatisiert wurde.

Weinempfehlung

Durbacher Traminer Spätlese, Weingut Andreas Laible, Durbach.

Anmerkung

Zur Bananen-Crème gehört eine Vanillesauce – und wie macht die moderne Hausfrau von heute so etwas? Wahrscheinlich mit einer Tüte Saucenpulver und Milch. Dabei geht es so schnell und einfach, eine köstliche Vanillesauce selbst herzustellen: Man kocht das Mark von zwei Vanilleschoten in einem Gemisch von Sahne und Milch auf, süßt nach Belieben mit Zucker oder selbsthergestelltem Vanille-Zucker und läßt die Sauce 20 Minuten an einem warmen Platz in der Nähe des Herdes ruhen, damit sich das Aroma entfalten kann. Dabei immer wieder mal kurz mit dem Schneebesen umrühren, damit sich keine Haut bilden kann. Man kann die Vanillesauce auch noch mit ein paar Eigelbe verfeinern, die man vorher mit Zucker im Wasserbad schaumig geschlagen hat.

Kartoffelsuppe mit Bärlauch

Vincent Klink, »Wielandshöhe«, Stuttgart

Zutaten

1 Schalotte (feingehackt) • 1 TL Butter
300 g in Scheiben geschnittene Kartoffeln
1/2 l kräftige Fleischbrühe • 1/2 l Milch
1 Prise Muskat • etwas Speckschwarte
Salz • Pfeffer • 1 Sträußchen Bärlauch

Weinempfehlung

Traminer Auslese trocken, Weingut Graf Adelmann, Kleinbottwar (Württemberg).

Zubereitung

Die Schalotten mit der Speckschwarte und der Butter angehen lassen. Die Kartoffelscheiben dazugeben und – bevor sie Farbe bekommen – mit der Brühe und der Milch auffüllen und weichkochen. Mit dem Mixstab pürieren und abschmecken.
Das Besondere an der Suppe ist der hohe Milchanteil. Damit kann man auch die Konsistenz der Suppe steuern.
Je dünner und länger gemixt, desto eleganter und leichter wird sie. Wer kurz vor dem Servieren noch etwas Butter untermixt, gewinnt noch mehr Geschmacksintensität. Allerdings, es werden auch mehr Kalorien.

Anmerkung

Bärlauch ist in vielen Gegenden Deutschlands recht häufig. Die Blätter erinnern an Tulpenblätter oder besser noch an Maiglöckchenblätter.
Bärlauch ist das erste Kraut, daß sich nach Ende des Winters in der freien Natur zeigt. Es hat ein Aroma, das an Zwiebel und Knoblauch erinnert – allerdings ohne die unangenehmen Nebenwirkungen.
Zwei Dinge sind bei dem Kartoffelsuppen-Rezept zu beachten:

1. Die Fleischbrühe am Vortag herstellen, erkalten lassen und das Fett abschöpfen.
2. Die Suppe erst kurz vor dem Essen auf die Minute zubereiten und vor dem Anrichten mit dem Pürier- oder Zauberstab aufmixen – so verteilen sich alle Aromen optimal.

Seefelchen in Linsen-Kartoffelsud

Hans Stefan Steinheuer, »Zur Alten Post«, Bad Neuenahr

Zutaten

4 Felchen • 1 Zitrone • 50 ml Olivenöl
Salz

Gemüse:
40 g grüne und braune Linsen gemischt
40 g gelbe und rote Linsen gemischt
8 neue Kartoffeln • 4 Lauchzwiebeln
50 g Butter

Linsenkartoffelsud:
2 Kartoffeln • 1 Tomate • 5 Champignons
0,3 l Geflügelbrühe • 1 Lorbeerblatt
1 Prise Mayoran• 1 Prise Rosmarin
1 Prise Thymian • 1 Knoblauchzehe
Salz, weißer Pfeffer aus der Mühle
50 g kalte Butter

Garnitur:
1 Rote Bete • Öl zum Fritieren
5 cm von einer frischen Meerrettichstange

Zubereitung

Die Felchen schuppen, filieren und von Gräten befreien. Die grünen und braunen Linsen einweichen und dann zirka 15 Minuten »al dente« kochen, die gelben und roten Linsen nur einweichen.

Die neuen Kartoffeln in der Schale kochen, pellen und vierteln. Die Lauchzwiebeln putzen, in zirka 3 cm lange Stücke schneiden und blanchieren. Für den Linsenkartoffelsud die Kartoffeln, Champignons und Tomaten kleinschneiden, mit der Geflügelbrühe auffüllen, alle Kräuter und Gemüse zugeben und 20 Minuten kräftig kochen lassen; anschließend leicht mixen und fein sieben. Die Rote Bete in feinste Streifen schneiden und in heißem Fett fritieren. Meerrettich schälen und in haarfeine Streifen schneiden, aber roh lassen. Die Felchenfilets mit Zitronensaft und Salz würzen und auf der Haut in Olivenöl knusprig braten. Die Kartoffelstücke in Butter anbraten, alle Linsen sowie die Lauchzwiebeln dazugeben und mit etwas Linsenkartoffelsud angießen. Den restlichen Linsenkartoffelsud aufkochen, mit kalter Butter mixen und nochmals abschmecken.

Gebratene Felchenfilets auf dem Gemüse anrichten. Die fritierten Rote Bete- und Meerrettichfäden auf die Filets streuen und das Ganze mit reichlich Linsenkartoffelsud im tiefen Teller angießen.

Weinempfehlung

96er Grauburgunder trocken, Weingut Nelles, Heimersheim.

Anmerkung

Linsen galten bisher immer als Arme-Leute-Gemüse. Kein Wunder: Diese Hülsenfrucht war zum einen billig und zum zweiten sogar in Kriegszeiten noch zu kaufen.
Die deutschen Köche sind ihren Kollegen in Frankreich gefolgt und haben die Linsen wiederentdeckt. Gerade in der Kombination mit Fisch ist die Linse geschmacklich ein absolut tolles Hülsenfrüchtchen.
Übrigens: Die fritierte Rote Bete entwickelt ein wunderbares, nußiges Aroma.

April

Hecht-Maultaschen

Achim Müller, »Waldhorn«, Baden-Baden

Zutaten

1 Rolle Nudelteig (beim Bäcker bestellen)
1 Hecht von etwa 1 kg (beim Händler filieren lassen, Gräten ziehen lassen, Carcasse und Kopf für Brühe mitnehmen)
200 ml Sahne • 1 TL gehackter Dill
Spritzer Zitrone • 1 MSP Senf • Salz, Pfeffer
1 Lachsforellenfilet in Würfel schneiden

Zubereitung

Hecht zwei mal durch die feine Scheibe vom Fleischwolf geben und durch ein Sieb streichen. Im Mixer mit Sahne und Gewürzen zur glatten Masse verarbeiten. Lachsforellenwürfel unterziehen.
Teig aufrollen, in zirka 10 x 10 cm Stücke schneiden, mit Eigelb bestreichen. Eßlöffelgroße Nocken auf den Teig geben und zu Maultaschen zusammendrücken. Aus Kopf und Gräten einen Fischsud kochen.
Die Hecht-Maultaschen in dem Fischsud garziehen lassen.
Als Beilage eignen sich Blattspinat und Rieslingsauce mit Krebsschwänzen.

Weinempfehlung

»Feigenwäldchen«, Riesling Kabinett, Weingut Nägelsförst, Varnhalt.

Anmerkung

Maultaschen waren und sind heute noch eine beliebte Fastenspeise. Kein Wunder: Im Teig der Maultasche läßt sich so einiges verstecken. In diesem Falle besteht die Fülllung aus einer Farce von frischem Hechtfleisch. Denn Hecht wird wegen seiner vielen Gräten in Baden traditionell gerne zu Hechtklößchen verarbeitet – oder eben diesmal in eine Teighülle gesteckt. Den frischen Nudelteig für die Maultaschen besorgt man sich am besten beim Bäcker. Anstelle von Lachsforelle kann auch gewürztes Filet von Räucherfisch verwendet werden.

Apfelschlupfer mit Mandelsauce

Karl-Emil Kuntz, »Krone«, Herxheim-Hayna

Zutaten

Apfelschlupfer:
125 g Bisquit • 125 g Äpfel • 25 g geröstete gehobelte Mandeln • 25 g Korinthen
1/4 l Sahne • 60 g Zucker • 1/2 Vanillestange
3 Eier und 1 Eigelb • 1 Prise Zimt

Mandelsauce:
1/8 l Sahne • 1/8 l Milch • 50 g Zucker
40 g geröstete Mandeln • 4 Eigelbe

Zubereitung

Apfelschlupfer:
Bisquit in 2 cm große Würfel schneiden. Die Äpfel schälen, in 1 cm große Stücke schneiden, mit Bisquit, Mandeln, Korinthen mischen. Sahne, Zucker, Vanillemark, Eier, Zimt mit Schneebesen gut verschlagen. Diese Mischung über die Bisquit-Apfelmasse geben und vermengen. In Förmchen füllen und bei 180 °C zirka 25-30 Minuten backen.

Mandelsauce:
Milch, Sahne, Zucker und Mandeln aufkochen. Eigelbe in eine Schüssel geben und gut verrühren. Die noch heiße Flüssigkeit dazugeben, im Wasserbad zur Rose abziehen und abpassieren.

Zum Anrichten die noch lauwarmen Apfelschlupfer auf Dessertteller stürzen und mit der Mandelsauce umgießen.

Weinempfehlung

Birkweiler Mandelberg, Gewürztraminer Spätlese trocken, Kleinmann, Birkweiler.

Anmerkung

Apfelschlupfer? In der schwäbischen Küche gibt es ein Gericht mit ähnlichem Namen: »Ofenschlupfer«. Man sagt den Schwaben ja Sparsamkeit und besonderen Einfallsreichtum bei der Resteverwertung nach. Angeblich ist deshalb im Ofenschlupfer die gedrängte Wochenübersicht über die Reste aus Kühlschrank und Speisekammer zu finden. Doch das hat mit dem Apfelschlupfer überhaupt nichts zu tun.

Matjesfilet auf Apfelstreifen

Edy Ledig, »Edy's Restaurant«, Offenburg-Ortenberg

Zutaten

12 kleine Matjesfilets • 2 feste Tomaten
150 g dünne Prinzessböhnchen
50 g Staudensellerie • 50 g Zwiebeln
1/2 Apfel (Granny Smith) • 2 EL Crème fraîche • 2 EL einfache Vinaigrette
1 dl einfache Vinaigrette ohne Salz
2 Zweige Zitronenthymian
16 rote Pfefferkörner
gezupfte Petersilie als Garnitur

Zubereitung

Von den gehäuteten Matjesfilets eventuell noch vorhandene Gräten entfernen. Die Filets der Länge nach halbieren und die Hälfte schräg in drei rautenförmige Querstreifen schneiden. Zugedeckt gut durchkühlen.
Die Tomaten kurz brühen, abschrecken, schälen, vierteln und die Kerne entfernen. Jedes Tomatenviertel in drei rautenförmige Streifen schneiden.
Die Prinzessbohnen in gesalzenem Wasser weich, aber noch mit Biß garen.
Sofort kalt abschrecken, damit sie schön grün bleiben, und in 2-3 cm lange Stücke schneiden.
Den Staudensellerie in dünne Streifen und die Zwiebel in ganz feine Würfel schneiden.
Den Apfel schälen und ebenfalls in dünne Streifen schneiden.
In einer Schüssel zwei Eßlöffel Crème fraîche mit zwei Eßlöffel einfacher Vinaigrette verrühren.
Die Böhnchen, die Sellerie- und die Apfelstreifen, die Zwiebelwürfel sowie den fein geschnittenen Zitronenthymian und die roten Pfefferkörner zufügen. Alles vorsichtig miteinander vermischen.
Diesen kleinen Salat kegelförmig in der Mitte von vier gekühlten flachen Tellern anrichten. Er wird abwechselnd mit den Matjes- und Tomatenrauten sternförmig belegt. Mit der Petersilie garnieren und auftragen.
Eine Vinaigrette ohne Salz (die Matjes sind bereits genügend gesalzen) getrennt dazu reichen.

Getränkeempfehlung

Ein Pils, am liebsten vom Faß.

Anmerkung

Matjes sind im Frühjahr die besten – also wenn die sogenannten »Neuen Matjes« kommen. Das sind in der Regel Fische, die noch nicht gelaicht haben. Die Matjes sollten frisch aus dem Faß kommen und sehr mild gesalzen sein. Denn zuviel Salz überlagert nicht nur den zarten Geschmack des Matjes sondern auch der übrigen Zutaten. Dies ist übrigens eines der Gerichte, zu dem unserer Meinung nach ein Wein nicht passen würde.

Rhabarbercrème mit Chaudeausauce

Vincent Klink, »Wielandshöhe«, Stuttgart

Zutaten

500 g geschälter und in kurze Stücke geschnittener Rhabarber • 1/8 l Weißwein
8 Eigelbe • 90 g Zucker • 1 Limette (Zitrone)
5 Blatt Gelatine • 8 Eiweiß und 60 g Zucker (beides sehr steif schlagen)

Zutaten Chaudeausauce:
2 Eigelbe • 1 Ei • 1 EL Kirschwasser
2 EL Zitronensaft • 1/8 l Weißwein
1 EL geröstete und gehobelte Mandeln

Zubereitung

Weißwein mit dem Rhabarber, den 90 g Zucker und dem Limettensaft in einen Topf geben und aufkochen. Erkalten lassen und absieben. Den so entstandenen Rhabarbersaft mit den Eigelben im Wasserbad volumig und möglichst fest aufschlagen. Die eingeweichte Gelatine darunter geben und kaltrühren.
Dies geschieht am vorteilhaftesten in einem Waschbecken mit kaltem Wasser. Wenn die Masse soweit abgekühlt ist, daß sie zäh wird, kommen die Rhabarberstückchen darunter, und nun wird auch vorsichtig das Eiweiß untergehoben. Nun in Förmchen abfüllen, oder alles zusammen in eine große Schüssel geben und einige Stunden im Kühlschrank fest werden lassen.

Dieses Dessert läßt sich gut einen Tag im Kühlschrank aufbewahren, kann also bereits am Tag zuvor bereitet werden.

Chaudeausauce:
Alles in eine runde Schüssel geben und im kochenden Wasser solange mit dem Schneebesen schlagen, bis eine steife Konsistenz erreicht ist.

Weinempfehlung

90er Winterbacher Hungerberg, Kerner Auslese, Weingut Ellwangen, Winterbach.

Anmerkung

Vincent Klink macht zu seiner Rhabarber-Crême eine »Chaudeau-Sauce« – und die kommt nicht, wie man meinen könnte, aus Frankreich. Sie stammt aus der Zeit, als ein gewisser Napoleon mit seinen Truppen – na, sagen wir mal »zu Gast« in Schwaben war. Es ist eigentlich eine ganz einfache Weinschaumsauce. Voila!

Das Beste vom Milchzicklein

Hans Stefan Steinheuer, »Zur Alten Post«, Bad Neuenahr

Zutaten

1 Zickleinrücken mit langen Rippen, wie gewachsen • 1 Zickleinschulter • 1 Zickleinleber • 2 Zickleinnieren • 0,1 l Olivenöl zum Braten • 1 Rosmarinzweig • 1 Thymianzweig • Petersilie • 2 Scheiben Toastbrot
50 g Butter • 100 g Schweinenetz
50 g Putenfarce (s. Kaninchenterrine, S. 64)
30 g Shi Take Pilze • 4 Rosmarinzweige

Schmorgemüse:
2 Zwiebeln in Würfel geschnitten
50 g Staudensellerie in Würfel geschnitten
1 kleine Karotte in Würfel geschnitten
1 Lorbeerblatt • 1 kleiner Rosmarinzweig
1 Thymianzweig • 2 Knoblauchzehen
0,1 l Weißwein • 1 l Brühe

Gemüse:
4 weißhäutige italienische Zwiebeln
4 rote Zwiebeln • 100 g Perlzwiebeln
8 Lauchzwiebeln

Zubereitung

Den Zickleinrücken auslösen und parieren, so daß die langen Rippenknochen am Rückenfilet bleiben (Zickleincarrée).
Den flachen Teil des Rückens auslösen und zu vier Medaillons plattieren, diese dann mit Salz und Pfeffer würzen. Die Shi Take Pilze putzen, in Scheiben schneiden, würzen und mit der Putenfarce verrühren. Diese Farce dann auf die Medaillons streichen und in das vorher gewässerte, dann ausgepreßte Schweinenetz einpacken (Crepinèttes).

Die Zickleinnieren halbieren, die Zickleinleber in acht Scheiben schneiden und das Ganze auf vier Rosmarinzweige als Spieß stecken. Die Zickleinschulter mit Salz und Pfeffer aus der Mühle würzen und von beiden Seiten kurz in einer Kasserolle anbraten, danach mit Schmorgemüse, Kräutern und den übrigen gehackten Knochen bedecken und mit Weißwein angießen. Alles zusammen zirka eine Stunde (je nach Größe) schmoren lassen. Die gegarte Zickleinschulter aus dem Gemüse nehmen und auslösen. Gemüse und Knochen anrösten, mit etwas Brühe nach und nach angießen, auffüllen und zirka 20 Minuten kochen lassen, danach etwas pürieren und anschließend absieben. Zirka 0,15 l leicht gebräunter Fond sollten übrig bleiben.
Als Gemüsebeilage weißhäutige italienische Zwiebeln schälen, sechsteln und in Weißwein mit Rosmarin glacieren. Die Roten Zwiebeln ebenso verarbeiten, aber in Rotwein mit Thymian glacieren. Die Perlzwiebeln schälen und karamelisieren. Die Lauchzwiebeln halbieren und blanchieren. Das Zickleincarrée mit Salz und Pfeffer würzen, anbraten und anschließend 6-8 Minuten im Ofen bei 220 °C fertig garen. Die Medaillons ebenfalls kurz anbraten und fünf Minuten im Ofen bei gleicher Temperatur braten. Die Rosmarin-Innereien-Spieße würzen und in Butter rosa braten.
Die geschmorte Zickleinschulter und das Zickleincarrée mit der Kruste aus gehackter Petersilie, Rosmarin, Thymian, geriebenem Toastbrot und zerlassener Butter gratinieren und aufschneiden.

Das aufgeschnittene Zickleincarrée, das Crepinèttes, die geschmorte Zickleinschulter und den Rosmarin-Innereien-Spieß auf die bunten, nochmals erhitzten und abgeschmeckten Zwiebeln legen.
Den Zickleinsud noch leicht buttern, abschmecken und angießen.

Weinempfehlung

96er Spätburgunder Blauschiefer, Weingut Meyer-Näkel, Dernau.

Anmerkung

Zicklein wird von vielen Feinschmeckern als ganz besondere Delikatesse geschätzt. In Griechenland und auf Zypern ist eine junge Ziege oft Bestandteil eines besonderen Festessens, wie zum Beispiel bei Hochzeiten. Das Fleisch muß man in jedem Fall vorbestellen und – ganz wichtig! – ein paar Tage im Kühlhaus abhängen lassen. Nach schonendem Garen ist das Fleisch butterzart. Viele Köche schätzen Fleisch von der Ziege hochwertiger ein als das beste Lammfleisch.

MAI

Rücken vom Maibock

Achim Müller, »Waldhorn«, Baden-Baden

Zutaten

1 kleiner Rehrücken • 1 Spitzkohl (Weißkohl jung) • Schweinenetz • 2 EL getrocknete Steinpilze • 2 EL Johannisbeergelee für die Sauce • 50 g Blutwurst • 1 ½ kg Spargel
3 große Karotten • 1 Knoblauchzehe
2 EL Sesamkörner • Butterschmalz • 2 Eier
5 Wacholderbeeren • 1 Lorbeerblatt • 1 Nelke

Zubereitung

Rehrücken auslösen, von Sehnen und Haut befreien. Die Rückenknochen und die Parüren in einer Kasserolle scharf anbraten, die kleingeschnittenen Wurzelgemüse dazugeben und mit anrösten. Dann die fünf Wacholderbeeren, eine Knoblauchzehe, ein Lorbeerblatt und eine Nelke dazugeben, mit Rotwein ablöschen und mit Wasser oder Brühe auffüllen. Etwa 1-2 Stunden zu einem Saucenfond einkochen lassen.

Die Fleischabschnitte und die in Wasser eingeweichten Steinpilze durch den Fleischwolf geben und danach im Küchenmixer mit Salz und Pfeffer zur Farce verarbeiten.
Den Spitzkohl putzen, die Strünke entfernen und die Blätter blanchieren.
Auf diese Blätter die Farce streichen.

Die Rehrückenfilets würzen, auf beiden Seiten anbraten und auf die Farce legen.
Die Spitzkohlblätter wie eine Krautroulade einrollen und das Ganze in ein Schweinenetz einwickeln (das Schweinenetz muß vor Gebrauch gewässert werden). Man kann auch noch ein paar frische Kräuter zwischen Spitzkohlblatt und Schweinenetz geben. Den Rehrücken 15-20 Minuten bei 170 °C im Ofen garen, danach in Alufolie einpacken, fest verschließen und zehn Minuten ruhen lassen.
Den Saucenfond abpassieren, mit der Blutwurst binden und das Johannisbeergelee einrühren. Mit Salz und Pfeffer abschmecken.

Spargelrösti:
Den geschälten rohen Spargel schräg in dünne Scheiben schneiden, die fein geraspelten Karotten und die Sesamkörner dazugeben, leicht mit Salz würzen.
Die beiden Eier verquirlen. Das Gemisch aus Spargelscheiben, Karottenraspeln und Sesam zu kleinen, flachen Küchlein formen und in Butterschmalz ausbacken.
Zur Bindung der Spargelrösti über jedes Küchlein etwas verquirltes Ei geben.

Den Rehrücken in Scheiben schneiden, zusammen mit der Sauce und den Spargelrösti servieren.

Weinempfehlung

96er Blauburgunder »Roter Hecker«, Gutswein vom Staufenberger Grossenberg, Iselin, Gernsbach.

Anmerkung

Wild im Mai ist keine Hexerei – denn ab 16. des Wonnemonats gehen die deutschen Jäger auf die Rehbockjagd. Zumeist werden in den ersten Tagen schwächere Jährlinge geschossen, die sich nicht weiter vererben, sprich vermehren sollen. Deshalb stehen die Chancen sehr gut, an ein junges Stück Wild zu kommen. Bei Wildeinkauf gilt folgende Regel: Am besten direkt beim Jäger oder Förster bestellen.

Pfälzer Laubfrosch auf Linsensauce

Karl-Emil Kuntz, »Krone«, Herxheim-Hayna

Zutaten

Füllung:
100 g Lachswüfel • 100 g Hecht oder Zanderwürfel • 100 g Mangoldblätter

Farce:
150 g Lachsfleisch • 150 g Hecht • 1 Ei
150 g Sahne • 20 g Karottenwürfel
20 g Zucchiniwürfel • Zitronensaft

Sauce:
250 g Paprikaschoten • 50 g Schalotten
100 g Tomaten • etwas Thymian • 1/4 Knoblauchzehe • Salz • Pfeffer • 1/4 l Gemüsefond • 4 cl Weißwein • 50 g Butter
geschlagene Sahne

Einlage:
40 g rote Paprikawürfel • 40 g gelbe Paprikawürfel • 40 g Karottenwürfel
40 g Zucchiniwürfel • 40 g Tomatenwürfel
etwas gezupften Thymian
ca. 30 g gekochte Linsen

Kartoffelchips:
300 g geschälte, rohe Kartoffel • Fett zum Fritieren • Salz

Zubereitung

Füllung:
Lachsfleisch und Hechtfleisch in kleine Würfel schneiden, mit Salz und etwas Zitrone würzen. Aus Lachsfleisch, Hecht, Sahne, Ei und Salz in der Küchenmaschine eine Farce bereiten und durch ein feines Sieb durchstreichen. Mangold von Stielen befreien, waschen und blanchieren.
Gemüsewürfel schneiden, Mangoldblätter ausbreiten und trocken tupfen.
Die Gemüsewürfel unter die Farce heben. Eine mittelgroße Schöpfkelle auskleiden mit Mangold, Farce zirka 0,5 cm dick einstreichen und schichtweise Lachs- und Hechtwürfel einlegen, dann wieder mit Farce und zum Schluß mit Mangold schließen. Die Kelle leicht auf den Tisch schlagen und den »Frosch« vorsichtig herausfallen lassen. Auf ein gebuttertes Blech auflegen, im Dampf zirka acht Minuten garen.

Sauce:
Paprika, Schalotten, Tomaten und Knoblauchzehe in Butter anschwenken, mit Salz, Pfeffer und Zitronensaft würzen. Weißwein und Gemüsefond angießen und um die Hälfte einkochen. Das Ganze mixen und durch ein Sieb passieren. Die Gemüsewürfel und Linsen in Butter anschwenken, zur Sauce geben und mit Thymian abschmekken. Zur Vollendung die geschlagene Sahne unter die Sauce heben. Kartoffeln mit dem Gurkenhobel in feine Scheibchen schneiden und fritieren.

Die Pfälzer Laubfrösche auf vier heiße Teller verteilen, einmal in der Mitte durchschneiden, auf die Gemüse setzen und die Sauce angießen. Ein paar Kartoffelchips dazugeben.

Weinempfehlung

Schweigener Sonnenberg, Grauer Burgunder Spätlese trocken, Friedrich Becker, Schweigen.

Anmerkung

Beim Pfälzer Laubfrosch spielt eine kleine Beilage eine ziemlich wichtige Rolle, und zwar die Kartoffelchips – eine tolle Alternative zu Bratkartoffeln oder ähnlichem. Man zieht die frisch geschälten Kartoffeln einfach über den Gurkenhobel und fritiert die Kartoffelscheibchen anschließend in heißem Fett. Nachher die Chips auf Küchenkrepp kurz abtropfen lassen und sofort servieren.

Spargel auf flämische Art

Edy Ledig, »Edy's Restaurant«, Offenburg-Ortenberg

Zutaten

2 kg frisch gestochener Spargel
3 große Eier • 40 g entstielte Blattpetersilie
8 Blätter Zitronenmelisse • 110 g Butter
Salz • frisch gemahlener weißer Pfeffer
Muskatnuß

Zubereitung

Den Spargel mit einem Spargelschäler von der Spitze abwärts schälen. Ein etwa 3-4 cm langes Stück vom Spargelende abbrechen. Spargelschalen und Enden waschen, abtropfen lassen und in einen Topf geben. Mit Wasser bedecken, salzen und zum Kochen bringen. Über kleiner Flamme etwa acht Minuten kochen lassen. Anschließend den Sud durch ein Sieb in einen sauberen Topf seihen. Der Sud wird zum Abkochen des Spargels verwendet.
Unterdessen die Eier in kaltem, gesalzenem Wasser zum Kochen bringen und acht Minuten auf kleiner Flamme kochen. Anschließend die Eier abschrecken und aus der Schale pellen. Vom geschälten Spargel die Spitzen abschneiden und getrennt von den Endstücken bereit halten.
Den abgeseihten Spargelsud wieder zum Kochen bringen und zuerst die Spargelenden einlegen. Auf kleiner Flamme zwei Minuten kochen, danach die Spargelspitzen zufügen und – falls nötig – etwas Wasser nachgießen, so daß der Spargel gerade bedeckt ist. Auf kleiner Flamme weichkochen. Inzwischen die Butter schmelzen und abschäumen. Die abgepellten Eier kurz zum Spargel in den heißen Sud legen, um sie wieder zu erwärmen. Danach in eine vorgewärmte Schüssel geben und mit der Gabel fein zerdrücken. Nach und nach mit der flüssigen Butter zu einer sämigen Sauce verrühren. Die gezupfte und gewaschene Petersilie sowie die Zitronenmelisse fein schneiden und unter die Sauce ziehen. Mit Salz, Pfeffer und etwas gemahlener Muskatnuß abschmecken.
Wenn der Spargel weich ist, aber noch Biß hat, auf vier vorgewärmte Teller verteilen und mit der flämischen Eiersauce überziehen, so daß die Spitzen noch sichtbar sind.

Weinempfehlung

Durbacher Plauelrain, Weißburgunder Kabinett trocken, Durbach.

Anmerkung

Man sagt, der Spargel sei die Königin unter den Gemüsen. Mittlerweile kommen die ersten Spargel schon sehr früh im Frühjahr aus Griechenland, Spanien und Frankreich auf den bundesdeutschen Markt. Nichts gegen importiertes Gemüse, aber die Qualitäten sind sehr unterschiedlich! Wenn man einen leichten, chemischen Beigeschmack spürt, ist der Spargel in der Regel überdüngt. Besonders wichtig beim Einkauf: Nur tagesfrische Ware verwenden und bis zum Gebrauch in feuchten Tüchern im Kühlschrank lagern.
Dieses Rezept eignet sich auch für grünen Spargel.

In Lorbeer gebratener Waller

Vincent Klink, »Wielandshöhe«, Stuttgart

Zutaten

8 Wallertranchen à 80 g • 8 frische Lorbeerblätter • 1 EL Bratbutter • 500 g rohe, gewürfelte Kartoffel • 1/4 l Weißwein
1 EL Schnittlauch • 1/2 Knoblauchzehe
1 EL Butter zur Abrundung • Pfeffer • Salz

Zubereitung

Kartoffeln im Wein bißfest kochen, leicht salzen. Waller pfeffern und salzen und von beiden Seiten mit den frischen Lorbeerblättern belegen. Von beiden Seiten bei mäßigem Feuer, jeweils fünf Minuten braten. Danach den Fisch aus der Pfanne nehmen und warm halten. In die noch heiße Pfanne die Kartoffeln mit dem Wein geben und auf großem Feuer um die Hälfte reduzieren, mit der Butter abziehen, und den feingeschnittenen Schnitt- und Knoblauch darunter mengen.

Den Waller mit den Lorbeerblättern in der Mitte des Tellers anrichten und mit den Kartoffelwürfeln umlegen. Als Beilage eignen sich Staudensellerie oder würfelig geschnittener und blanchierter Weißkohl, der zuerst trockengetupft und dann in Butter braun gebraten wird.

Weinempfehlung

Untertürkheimer Herzogenberg Riesling, Kabinett trocken, Weingut Wörwag, Untertürkheim.

Anmerkung

Waller ist in Bayern ein traditionelles Fischgericht. Diese heimische Welsart kommt in größeren Seen und Flüssen vor und wird entweder im Wurzelsud pochiert oder gebraten. Man kann das Bratfett – am besten Butterschmalz – beim Aufschäumen kurz aromatisieren, indem man schnell ein paar frische Kräuter wie Rosmarin oder Thymian durch die Pfanne zieht. Auch auf der Haut gebraten schmeckt ein Filet vom Waller sehr gut, weil das zarte Fischfleisch dabei sehr schonend gegart wird. Waller wird mittlerweile auch erfolgreich gezüchtet und ist relativ preiswert.

Kaninchenterrine mit Spargel und Morcheln

Hans Stefan Steinheuer, »Zur Alten Post«, Bad Neuenahr

Zutaten

2 Kaninchenrücken • 1 Wirsing
100 g Morcheln • 1 EL Olivenöl • Salz und Pfeffer aus der Mühle

Farce:
100 g Putenbrust • 0,1 l Sahne • 1 Eiklar
1/2 Scheibe Toastbrot ohne Rinde • Salz
Cayenne-Pfeffer • 10 ml Sherry trocken
12 Stangen weißer Spargel • 150 g Morcheln
20 g Butter • 50 ml Noilly Prat (französischer Vermouth) • 2 Schalotten
1 EL Butter • 0,1 l Geflügelbrühe
0,1 l Sahne • 1 EL Crème fraîche
40 g kalte Butter
1 Lorbeerblatt • 1/2 Zitrone
10 Blatt Bärlauch

Zubereitung

Die Kaninchenrücken auslösen und von Haut und Sehnen befreien. Vom Wirsing acht große Blätter nehmen, waschen und blanchieren, dann die Strünke herausschneiden und auf trockenen Tüchern zu einem Teppich auslegen. Die Farcezutaten in gut gekühltem Zustand mixen, durch ein feines Mehlsieb streichen und abschmekken. Die 100 g Morcheln putzen waschen und fein hacken, anschließend in Olivenöl anschwitzen, würzen und auf ein Sieb zum Abkühlen schütten. Die Farce mit den abgekühlten Morchelwürfeln mischen und auf die Wirsingblätter streichen. Die Kaninchenfilets mit Salz und Pfeffer würzen, darauf legen und das Ganze einrollen. Die Aluminiumfolie auslegen, ganz mit Butter bestreichen und die Wirsingrollen darin einpacken. Etwa 12-15 Minuten bei 220 °C im Ofen auf einem Blech garen.
Für die Bärlauchsauce die Schalotten und Bärlauchstiele in Butter glacieren, mit Noilly Prat ablöschen und mit der Geflügelbrühe einkochen. Das Lorbeerblatt zugeben und dann mit Sahne und Crème fraîche auffüllen; nochmal kochen, mit Salz, Cayenne-Pfeffer und etwas Zitronensaft abschmekken. Mit der kalten Butter aufmixen und fein sieben.
Den Spargel schälen und wie gewohnt kochen, aus dem Sud nehmen und quer halbieren. Die 150 g Morcheln putzen, waschen, halbieren, in Butter anschwitzen und mit Salz und Pfeffer aus der Mühle würzen. Den Spargel dazugeben und alles nochmals zusammen durchschwenken.
Die Bärlauchblätter in feine Streifen schneiden und in die Sauce geben, nochmals aufwallen lassen.

Die Wirsingkaninchenrollen aus der Alufolie nehmen. Die heiße Kaninchenterrine in Scheiben schneiden und auf dem Spargel-Morchelgemüse anrichten. Die Bärlauchsauce angießen.

Weinempfehlung

96er Riesling trocken, Weingut Deutzerhof, Mayschoß.

Anmerkung

Kaninchen sind ein wenig aus der Mode gekommen. Im Nachkriegsdeutschland war das Fleisch vom sogenannten »Stallhasen« begehrt und beliebt, kein Wunder: Es gab ja kaum etwas anderes. Generationen von Kumpeln aus dem Ruhrgebiet hatten ihre Hasenställe im Garten hinterm Haus und deshalb sonntags auch immer einen Braten auf dem Tisch. Kaninchen hat wunderbares, zartes Fleisch, ist preiswert und sollte am besten bäuerlicher Haustierhaltung entstammen. Gefrorene Ware aus Osteuropa eignet sich für dieses Rezept nicht!

Juni

Erdbeerknödel mit Vanilleeis

Achim Müller, »Waldhorn«, Baden-Baden

Zutaten

12 große Erdbeeren • 100 g Marzipanrohmasse • Vanilleeis

Teig:
125 g Instant Mehl • 125 g Mehl
250 g Quark • 1 EL Zucker • 1 Ei
Prise Salz • 70 g weiche Butter

Sud:
1/4 l Weißwein • 1 Zitrone • Zucker

Zubereitung

Alle Zutaten für den Teig zusammen verkneten, danach eine halbe Stunde ruhen lassen. Die Erdbeeren halbieren, etwas von der Marzipanrohmasse zwischen die Hälften geben und die Erdbeeren vorsichtig wieder zusammensetzen.

Den Teig ausrollen und quadratische Stücke von zirka 8 x 8 cm ausschneiden. In jedes der Teigstücke eine gefüllte Erdbeere einpacken.

Wasser mit Zucker, Zitronensaft und etwas Weißwein zum Kochen bringen. Die Knödel darin garziehen lassen – nicht mehr kochen lassen! Das dauert etwa 20 Minuten.
Mit Vanilleeis servieren.

Weinempfehlung

Gewürztraminer Beerenauslese, Weingut von und zu Franckenstein, Offenburg.

Anmerkung

Knödel mit Früchten als Dessert gehören zur österreichischen und ungarischen Küchentraditon. Es gibt natürlich auch Rezepte aus Tschechien und anderen osteuropäischen Staaten. Wichtig bei diesem Rezept: Erdbeeren am besten selbst frisch pflücken, sehr gut waschen und innerhalb von etwa 5 bis 6 Stunden verarbeiten – danach verliert die Erdbeere viel von ihrem köstlichen Aroma und auch ihre Vitamine.
Sollte man dieses Rezept mit Zwetschgen machen, so werden diese halbiert und anstelle des Zwetschgensteines ein mit Rum getränkter Würfel Zucker eingegeben.

Tafelspitzsülze in Kräutervinaigrette

Karl-Emil Kuntz, »Krone«, Herxheim-Hayna

Weinempfehlung

Dornfelder Rotwein, trocken, Münzberg, Godramstein.

Zutaten

Tafelspitzsülze:
1 kg gekochter Tafelspitz • 1 l geklärte Brühe • 15 Blatt Gelatine • 4 cl Portwein 2 cl Weinbrand • je 50 g Karotten, Kohlrabi und Zucchiniwürfel • Salz • Muskat Pfeffer

Kräutervinaigrette:
1/8 l Weißweinessig • 1/8 l Rotweinessig 1/8 l Wasser • 1/2 l Öl • Salz • Zucker Pfeffer • 100 g feine Schalotten je 100 g fein gehackte Petersilie, Schnittlauch, Basilikum, Kresse, Boretsch, Kerbel, Sauerampfer • 50 g Liebstöckel

Eingelegte rote Zwiebeln:
150 g rote Zwiebeln fein geschnitten 1 Thymianzweig • 20 g Zucker • 1 EL Honig 3 cl Obstessig • 0,2 l Weißwein

Würfelkartoffeln:
1 kg Kartoffeln • Öl • Salz • Pfeffer Petersilie

Zubereitung

Tafelspitzsülze:
Brühe erhitzen mit Portwein, Weinbrand, Salz, Muskat und Pfeffer abschmecken. Die eingeweichte Gelatine in der Brühe auflösen und kaltstellen.
Den Tafelspitz in Scheiben schneiden und mit dem Gemüse schichtweise in eine Terrinenform einsetzen, dabei zwischendurch immer wieder mit der gekühlten Brühe auffüllen und fest werden lassen.

Kräutervinaigrette:
Von Zucker und Honig einen Karamel kochen, die roten Zwiebeln und den Thymianzweig dazugeben, mit Obstessig und Weißwein ablöschen und das Ganze wie Marmelade einkochen lassen.

Würfelkartoffeln:
Kartoffeln schälen, in Würfel schneiden und in kochendem Wasser blanchieren.
In heißem Öl (oder Butter) goldbraun braten, mit Salz und Pfeffer abschmecken, mit gehackter Petersilie garnieren.

Anmerkung

Gerade in den heißen Sommermonaten hat man oft keine Lust auf ein warmes Essen. Deshalb paßt eine Sülze vom Tafelspitz besonders gut in die heiße Jahreszeit. Die Brühe wird am Vortag angesetzt, kocht ein paar Stündchen vor sich hin und erfordert in der Küche kaum Anwesenheit. Und wer gar keine Lust hat, lange am Herd zu schaffen, der serviert statt Bratkartoffeln und Zwiebelconfit einen Salat und frisches Baguette.

Erdbeeren mit Zitrone

Edy Ledig, »Edy's Restaurant«, Offenburg-Ortenberg

Zutaten

500 g vollreife Erdbeeren • 1 unbehandelte Zitrone • 1 EL frisch gepreßter Orangensaft
70 g feiner Kristallzucker

Zubereitung

Die vollreifen Erdbeeren sorgfältig waschen und auf einem Küchentuch abtropfen lassen. Anschließend die Stielansätze entfernen, die Erdbeeren halbieren und in eine Porzellanschüssel geben.
Die unbehandelte Zitrone abwaschen, trockenreiben und die Zesten dünn abschälen (Zesten sind hauchfeine Fäden von der Schale, die man mit einem Julienne-Messer von der Frucht abhobelt). Die Zesten über den Erdbeeren ausdrücken, so daß ihr ätherisches Öl die Erdbeeren aromatisiert, und anschließend in die Schüssel geben.
Die Zitrone auspressen und ihren Saft zusammen mit einem Eßlöffel frisch gepreßtem Orangensaft über die Erdbeeren gießen. Den feinen Kristallzucker darüberstreuen und das Ganze vorsichtig vermischen. Mit Frischhaltefolie abdecken und die Erdbeeren bei Zimmertemperatur etwa 20 Minuten marinieren. Vor dem Anrichten die Zesten entfernen.

Die Erdbeeren in vier Dessertschalen verteilen und mit dem Saft, der sich in der Schüssel gesammelt hat, übergießen.

Weinempfehlung

Riesling Sekt, trocken, Weingut von und zu Franckenstein, Offenburg.

Anmerkung

Natureller Geschmack steht der Erdbeere am besten. Und um ihre eigenen Aromen noch zu unterstreichen, ist die Zitrone ein unentbehrlicher Helfer. In diesem Falle sind es sogar die Aromen aus der Zitronenschale, die das bewerkstelligen. Wichtig auch: Die Erdbeeren beim Marinieren nie (!) in den Kühlschrank stellen! Bei Zimmertemperatur entfalten sich sämtliche Duft- und Geschmacksstoffe am besten.

Schwäbische Kalbsrouladen

Vincent Klink, »Wielandshöhe«, Stuttgart

Zutaten

8 kleine Kalbsschnitzel • 50 g durchwachsenen Speck • 1 Zweig Liebstöckel
1 Sträußchen Petersilie • 50 g Butter
1 Tasse Fleischbrühe • 150 g frische Champignons • 2 Zwiebeln, in feine Würfel geschnitten und in Butter gedünstet
3 Tomaten • 1 EL Bratbutter

Zubereitung

Die Kalbsschnitzel dünn klopfen und den Speck in dünnen Scheiben darauflegen, mit den gedünsteten Zwiebeln, der Petersilie und dem Liebstöckelkraut bestreichen.
Die Kalbsschnitzel einrollen, pfeffern und salzen und mit einem Bindfaden umwickeln.
In einer Kasserolle die Röllchen von allen Seiten in Butter anbraten. Die Tomaten kleinschneiden und zu den Kalbsrouladen geben.
Nun kann man zweierlei tun, mit der Brühe auffüllen, die geputzten und in feine Scheiben geschnittene Champignons dazugeben, und die Röllchen weichgaren.
So war das in früheren Zeiten.
Die modernere Art wäre, die Röllchen nach 15 Minuten herausnehmen, an einen warmen Platz zu stellen und dann die Sauce separat in der Kasserolle fertig stellen. Wenn die Sauce fertig reduziert ist, die Röllchen nochmals darin aufwärmen.
Zu diesem Gericht passen Nudeln sehr gut.
Wenn man die Röllchen in der traditionellen Version bereitet, wäre vorteilhaft, zum Schluß einen Schuß Sahne an die Sauce zu geben. Zu dieser Version empfehle ich handgeschabte Spätzle und als Gemüse Karottenscheiben mit Erbsen.

Weinempfehlung

Neuberger Schloßberg, Lehmberger Spätlese, Weingut Graf Neuberg, Schwaigern.

Anmerkung

Auch bei den schwäbischen Kalbsrouladen von Vincent Klink ist die klassische Rindsroulade aus Omas Kochbuch das Vorbild. Im Gegensatz zu der Rindsroulade ist hier die Garzeit wesentlich kürzer. Achten Sie beim Einkauf bitte unbedingt darauf, daß Sie absolut hochwertiges Kalbfleisch bekommen. Die meisten Köche lehnen die Produkte von Großmast-Betrieben schon seit Jahren ab, weil sie mit der Qualität und mit den Mastmethoden nicht einverstanden sind.

Ahrtaler Rehsauerbraten

Hans Stefan Steinheuer, »Zur Alten Post«, Bad Neuenahr

Zutaten

1 kg Rehfleisch von Schulter oder Keule

Marinade:
1 Karotte in Würfel geschnitten
100 g Sellerie in Würfel geschnitten
2 Zwiebeln in Würfel geschnitten
1 Flasche Ahrspätburgunder • 0,1 l Rotweinessig • 1 EL Pfefferkörner schwarz
1 EL Senfkörner • 1 EL Wacholder
2 Lorbeerblätter • 1 Nelke • 1 Zweig Thymian • 2 Knoblauchzehen

Sauce:
1 EL Tomatenmark • 2 EL Rübenkraut (Sirup von der Zuckerrübe) • 2 EL Apfelkraut
2 Scheiben Schwarzbrot • 5 cl Tafelöl zum Braten • 1 TL Stärke • Salz • Pfeffer aus der Mühle

Zubereitung

Das Rehfleisch mit den Marinade-Zutaten übergießen und sieben Tage einlegen.
Am 8. Tag das Rehfleisch mit der Marinade durch einen Seiher gießen und den Sud verwahren.
Die Fleischstücke salzen, leicht pfeffern und in Öl anbraten. Gemüse und Gewürze zugeben, alles gut Farbe nehmen lassen.
Mit Tomatenmark, Rübenkraut und Apfelkraut abrösten, Schwarzbrot zugeben und mit der Marinadenflüssigkeit nach und nach ablöschen.
Das Ganze zirka 1 $^{1}/_{2}$ bis zwei Stunden schmoren lassen und ab und zu den Garzustand prüfen.
Die Sauce eventuell noch etwas einkochen lassen, abschmecken und mit etwas Speisestärke abbinden. Anschließend die Sauce fein sieben und die Fleischstücke wieder einlegen.

Den Rehsauerbraten geschnitten auf Teller anrichten. Als Beilagen empfehlen sich Kartoffelklöße und Wirsing.

Weinempfehlung

96er »Us de la meng«, Cuvée Dornfelder Spätburgunder, Weingut Meyer-Näkel, Dernau.

Anmerkung

Sauerbraten – das war früher eine Methode, Fleisch in einer Marinade über mehrere Tage haltbar und mürbe zu machen. Diese Methode des Einlegens ist außerdem ein probates Mittel, Fleisch von einem älteren Stück Wild (oder Rind) schmackhaft und butterzart zu machen. Neben Rotwein, Essig, Kräutern, Gewürzen und Gemüsen kann man auch italienischen Aceto Balsamico für die Marinade verwenden – er sorgt für ein paar feine Süßaromen.

JULI

Roulade von Lachsforelle und Zander

Achim Müller, »Waldhorn«, Baden-Baden

Zutaten

300 g Zanderfilet • 250 g Lachsforellenfilets • Salz • Schwarzer Pfeffer aus der Mühle • 1 Spritzer Zitronensaft
200 g blanchierte Spinatblätter • 1 Ei
1 EL Sahne • 1/4 l Schlagsahne • Muskat

Weinempfehlung

Oberbergener Vulkanfelsen, Grauburgunder, Franz Keller, Vogtsburg-Oberbergen.

Zubereitung

Lachsforelle portionieren. Zanderfilet, Ei und Sahne im Mixer pürieren, mit Salz, Pfeffer und Zitronensaft würzen und durch ein Sieb streichen. Danach nochmals abschmecken und die Schlagsahne unterheben.
Klarsichtfolie mit Spinatblättern auslegen, zirka 25 x 25 cm in einen Schöpflöffel legen. Spinatblätter sollen über den Rand hängen. Je etwas Farce in die Schöpflöffel geben und ein Stück Forelle in die Mitte. Wieder mit Zanderfarce bedecken. Spinat mit Hilfe der Folie über der Farce zusammenklappen. Ohne Folie in einen Dämpftopf setzen.
Zum Schluß etwas Fonds angießen, kurz aufkochen, vom Herd nehmen und noch zehn Minuten ziehen lassen.

Anmerkung

Dieses Rezept ist in der Küche ganz sicher etwas aufwendig, um es perfekt zu realisieren, aber das Ergebnis wird Sie für die gute Stunde Arbeit entschädigen und ihre Gäste verblüffen. Wenn kurz vor dem Servieren die Rouladen angeschnitten werden, kommt Ihnen ein köstlicher Duft entgegen. Das Thema Sauce ist schnell abgehandelt: Eine Schalottenbutter herstellen, mehrmals mit Weißwein ablöschen, dann Fischfond, Sahne, einen Schuß Noilly Prat dazugeben und auf die Hälfte einreduzieren lassen. Nachher mit etwas Mehlbutter binden und mit Salz, Cayenne-Pfeffer und einem Spritzer Zitronensaft abwürzen. Wer mag, kann der Sauce nach dem Auffüllen mit dem Fischfond auch noch kleingeschnittene Petersilienwurzel, Stengel von Estragon und ein paar ansautierte Champignons hinzufügen.

Zanderfilet im Strudelteig

Karl-Emil Kuntz, »Krone«, Herxheim-Hayna

Zutaten

300 g Flußzanderfilet • 150 g Saiblingfilet
120 g Sahne • 1 Ei • 10 Spinatblätter
5 Wirsingblätter • 50 g Butter • Salz
Zitronensaft • 50 g blanchierte Gemüsebrunoise (Karotten, Kohlrabi, Zucchini)

Strudelteig:
250 g Mehl • 25 g Öl • 110 g Wasser
1 Eiweiß

Zubereitung

Saiblingfilets mit dem Ei der Sahne und etwas Salz im Mixer zu einer Farce verarbeiten. Die Farce durch ein feines Küchensieb streichen, nochmals mit Salz abschmecken und mit etwas flüssiger Sahne geschmeidiger machen. Die Farce in den Kühlschrank stellen. Die Spinat- und Wirsingblätter putzen, blanchieren und zwischen trockene Tücher legen.
Den Spinat zu einem Rechteck legen, das Zanderfilet mit Salz und Zitrone würzen und in den Spinat einrollen. Die Wirsingblätter ebenfalls zu einem Rechteck legen, gut trockentupfen und leicht salzen. Die Gemüsebrunoise (das kleingeschnittene Wurzelgemüse) unter die Farce rühren, den Wirsing mit Farce bestreichen und das in Spinat gehüllte Zanderfilet darin einrollen.
Aus den Zutaten den Strudelteig kneten, mit etwas Öl bestreichen, in Folie einschlagen und zwei Stunden ruhen lassen.
Den Strudelteig auf einem Tisch mit Mehl dünn ausziehen, mit zerlassener Butter bestreichen, den Zander in Wirsing an einem Ende auf den Strudelteig legen, aufrollen und auf ein gefettetes Blech setzen, mit Butter bestreichen und im Backofen bei 185 °C zirka 18 Minuten backen.

Weinempfehlung

Deidesheimer Kieselberg, Weißer Burgunder, Kabinett trocken, Josef Biffar, Deidesheim.

Anmerkung

Viele Köchinnen und Köche fragen sich: Warum packen eigentlich soviele Köche Fisch oder Fleisch in Teig oder Gemüse ein? Was soll der ganze Firlefanz? Ganz einfach: Die Zutaten wie Kohl, Spinat oder Mangold passen zum Beispiel hervorragend zu Fisch. Zweiter Grund: Der Fisch wird extrem schonend gegart. Drittens: Das Aroma des Fisches bleibt in der »Verpackung« sehr gut erhalten. Wer das nicht glauben mag, der packe einen küchenfertig geputzten Fisch mal zusammen mit Gewürzen und Kräutern in ein Stück Alufolie ein und gebe das »Päckchen« in den Ofen. Das Ergebnis wird jeden überzeugen!

Gebrannte Crème mit Himbeeren

Edy Ledig, »Edy's Restaurant«, Offenburg-Ortenberg

Zutaten

Pro Person ca. 150 g frische Himbeeren
2,5 dl Milch • 2,5 dl Sahne • 1 Vanillestange • 1 Prise Salz • 1 EL Zucker • 3 Eier

Zubereitung

Die Himbeeren säuberlich verlesen und mit kaltem Wasser einmal kräftig abbrausen. Man kann, je nach Geschmack, die Himbeeren auch noch mit etwas Zucker nachsüßen und mit Likör oder Himbeer-Schnaps aromatisieren. Die Himbeeren dann mindestens 20 Minuten bei Zimmertemperatur ruhen lassen.

Milch, Sahne und Vanillestange zusammen mit einer Prise Salz aufkochen und mit den Eiern und dem Zucker mixen.
Anschließend die Masse in passenden Förmchen im Wasserbad im Ofen bei 120 °C so lange pochieren, bis die Masse fest ist (2-3 Stunden).
Abkühlen lassen und mit dem braunen Zucker bei starker Oberhitze karamelisieren.
Die Crème mit Himbeeren garnieren und ein Minzeblatt zugeben.
Ersatzweise können auch exotische Früchte statt Himbeeren verwendet werden.

Weinempfehlung

St. Patrick, Weingut K. H. Johner, Vogtsburg-Bischoffingen.

Anmerkung

Wenn im Sommer die vielen Hobbygärtner unter Sonnenschirmen an den Landstraßen hocken und frische Gartenfrüchte verkaufen, wird es höchste Zeit für ein einfaches, aber wunderbares Dessert. Die Franzosen nennen die Gebrannte Creme »Crême brulée« – und die läßt sich wunderbar mit Früchten kombinieren. Für dieses Rezept nimmt man am besten kleine feuerfeste Förmchen. Für das Überbräunen der Creme benötigt man einen Grill oder »Salamander« – es soll auch Profiköche geben, die einen Bunsenbrenner benutzen …

Beerensuppe mit Vanilleeis

Vincent Klink, »Wielandshöhe«, Stuttgart

Zutaten

Suppe:
500 g gemischte Beeren • Saft einer Zitrone
Saft einer Orange • Zucker • Saft einer Orange mit 1 TL Speisestärke vermischt

Vanilleeis:
1/2 l Sahne • 50 g Zucker • 50 g Vanillezucker
2 Vanillestangen • 7 Eigelbe • 4 cl Orangenblütenwasser (aus der Apotheke)

Zubereitung

Beeren mit dem Saft in einen Topf geben und aufkochen. Zucker nach Belieben dazu geben. Mit der Speisestärke leicht abbinden. Man beachte, daß beim Erkalten das Ganze ohnehin fester wird.

Vanilleeis:
Die Vanillestangen der Länge nach halbieren und das Innere mit einem Messer herauskratzen.
Mit Ausnahme der Eigelbe und des Orangenblütenwassers alles zusammen in einem Topf aufkochen, auch die ausgekrazten Schoten der Vanillestangen. 30 Minuten vom Feuer nehmen und ziehen lassen. Passieren.
Wiederum erhitzen, vom Feuer nehmen, die Eigelbe einmixen und das Orangenblütenwasser daruntergeben.
Die Masse in eine Eismaschine geben und frieren lassen.
Man kann sich aber auch mit der Methode behelfen, die sich bereits seit hunderten von Jahren bewährt. Eine große Metallschüssel wird drei viertel voll mit Wasser und Eiswürfel gefüllt. Nun kommt ein Pfund Salz hinein. Gut umrühren. In einer kleineren Schüssel wird der Eismix hineingegeben und dann in diesem Eis-Wasserbad unter ständigem Rühren gefroren. Ideal ist, wenn man einen Partner zum Ablösen hat, denn die Prozedur dauert mindestens 20 Minuten.

Weinempfehlung

Stettener Pulvermächer, Riesling Eiswein, Winzer Karl Heidle, Stetten (Remstal).

Anmerkung

In dem Moment, wo sich die Theken unter der Last von vollreifen Sommerbeeren biegen und die Preise purzeln, sollte man unbedingt zuschlagen. Ernährungsexperten haben uns schon vor vielen Jahren nachgewiesen und erklärt, wie gesund Himbeeren, Brombeeren und alle ihre Artverwandten sind. Die Zutaten zu unserem Beerensüppchen können, je nach Marktangebot, variieren. Nur das Vanille-Eis gehört als fester Bestandteil dazu. Und das sollte man möglichst selber machen, und zwar ganz frisch!

Marinierte Spanferkelschulter

Hans Stefan Steinheuer, »Zur Alten Post«, Bad Neuenahr

Zutaten

1 Spanferkelschulter • 1 Zwiebel
50 g Sellerie • 50 g Karotte • 0,5 l Weißherbst • 300 g Pfifferlinge • 2 cl Olivenöl
1 Schalotte • verschiedene Blattsalate

Spanferkelmarinade:
0,1 l Olivenöl • 5 cl gereifter Rotweinessig
Rosmarinzweig • Thymianzweig • Lorbeerblatt • 3 Knoblauchzehen • Salz • weißer Pfeffer aus der Mühle

Kräutervinaigrette:
5 cl kräftige Rinderbrühe • 1 Schalotte
1 cl Weißweinessig • 5 cl Traubenkernöl
1 Löffelspitze Dijon Senf • Salz • Pfeffer aus der Mühle • Estragon • Kerbel • Petersilie
Schnittlauch

Zubereitung

Die Spanferkelschulter mit Salz und Pfeffer würzen und in Öl anbraten, Zwiebeln, Sellerie, Karotte zugeben, mit Weißherbst ablöschen und auf dem Gemüse schmoren – eventuell mit Deckel –, wobei die Spanferkelhaut kross sein sollte.
Sobald die Spanferkelschulter gar ist, den Sud absieben, die Schulter von den Knochen lösen, alles mit der Spanferkelmarinade übergießen und 24 Stunden einlegen.

Kleine Pfifferlinge putzen und waschen. Schalotte in feine Würfel schneiden und in heißem Olivenöl glacieren, Pfifferlinge dazugeben, mit Salz und Pfeffer würzen. Die Spanferkelschulter aus dem Sud nehmen, in feine lange Scheiben schneiden und im 220 °C heißen Ofen zirka 5-8 Minuten erwärmen.

Kräutervinaigrette:
Brühe mit geschälten und klein geschnittenen Schalotten aufkochen und passieren. Alle Zutaten anschließend langsam unter ständigem Mixen dazugeben und abschmecken. Zum Schluß feingehackte Kräuter unterrühren.

Die angeschwitzten warmen Pfifferlinge auf einem Teller anrichten, mit Blattsalaten umlegen, die Spanferkelscheiben obenauf legen und alles mit der angerührten Kräutervinaigrette beträufeln.

Weinempfehlung

96er Spätburgunder Weißherbst trocken, Weingut Sonnenberg, Görres-Linden, Bad Neuenahr.

Anmerkung

Kalte Küche an heißen Tagen – das ist das Motto im Sommer. Denn nichts ist nervender, als bei mehr als 30 Grad im Schatten in der noch heißeren Küche zu stehen zwischen dampfenden Pfannen und Töpfen. Die marinierte Spanferkelschulter macht sich im Ofen fast von selbst. Wichtig beim Einkauf: Bestellen Sie das Fleisch vor und sagen Sie Ihrem Metzger, er möge bitte unbedingt die Schwarte am Fleisch belassen. Denn die Schwarte sorgt dafür, daß das Fleisch schonend gegart wird und saftig bleibt.

August

Badischer Kirschenplotzer

Achim Müller, »Waldhorn«, Baden-Baden

Zutaten

300 g Süßkirschen (entsteint)
200 g dunkler Bisquit (gewürfelt)
2 EL gebräunte und gemahlene Haselnüsse
2 EL Kirschwasser • Prise Salz • Prise Zimt
Prise Nelke • 60 g Zucker • 4 ganze Eier
1/4 l Sahne

Weinmpfehlung

Ein trockener Winzersekt, mit hausangesetztem Holunderblüten-Sirup parfümiert.

Zubereitung

Alle Zutaten in eine große Schüssel füllen und sorgfältig vermischen. Vier Eier mit der Sahne verquirlen und unter die Zutaten heben. Eine Auflaufform mit Klarsichtfolie auslegen und die Masse einfüllen.
Das Ganze 30-40 Minuten bei 150 °C im Wasserbad backen (Stäbchenprobe).
Als Beilage eignet sich eine selbstgemachte Vanillesauce und eine Kugel Schokoladeneis.

Anmerkung

Gerade in Familienbetrieben kommt es häufig vor, daß die Aufgaben in der Küche aufgeteilt werden. So ist es auch bei Familie Müller im Waldhorn in Baden-Baden. Achim Müller macht die Vorspeisen und Hauptgerichte, seine Frau Ursel zeichnet für das Süße Ressort verantwortlich. Der »Kirschenplotzer« ist typisch badisch. Er wird lauwarm mit Vanillesauce serviert – eine absolute Leckerei.
Übrigens: Unsere Großmütter haben die Steine nicht entfernt, das Essen ist dann aber recht mühsam.

Pfälzer Weinbergpfirsiche

Karl-Emil Kuntz, »Krone«, Herxheim-Hayna

Zutaten

700 g passiertes Weinbergpfirsichmark
8 cl Pêche Brandy • 4 cl Marie Brizard
4 cl Limonensaft • 8 Blatt Gelatine
400 g geschlagene Sahne • 6 Eigelbe
100 g Zucker

Zubereitung

Gelatine in kaltem Wasser einweichen. Eigelb mit Zucker, Limonensaft und dem Alkohol über dem Wasserbad warm aufschlagen. Die eingeweichte Gelatine in der warmen Masse auflösen, leicht erkalten lassen. Erst das Pfirsichmark und danach die geschlagene Sahne unterheben.
In Schüsseln abfüllen und über Nacht kaltstellen.

Weinempfehlung

Schweigener Sonnenberg, Spätburgunder Rosé, Kabinett trocken, Weingut Bernhardt, Schweigen.

Anmerkung

Weinbergpfirsiche sind heimische Früchte, die sich besonders gut für Desserts eignen. Sie haben einen sehr aromatischen Geschmack und ein rosafarbenes oder sogar rotes Fruchtfleisch. Einige Köche behaupten, daß der Weinbergpfirsich der schmackhafteste unter allen Sorten sei. Wichtig bei diesem Rezept ist ein Pfirsich-Likör, mit dem man die Frucht-Aromen noch ein wenig verstärken kann.

Gemüsesülze mit Kräutersauce

Edy Ledig, »Edy's Restaurant«, Offenburg-Ortenberg

Zutaten

800 g geputztes Gemüse bestehend aus: Kartoffelscheiben, Kohlrabistiften, Zucchinischeiben, Brokkoliröschen, Blumenkohlröschen, abgezogene rote Paprika
Lauchstange • 0,3 l kräftige Brühe
15 g Aspikpulver

Zubereitung

Eine längliche Terrinen- oder Pastetenform (Füllmenge 1 l) mit dünnen Streifen von blanchiertem Lauch und Karotten auslegen. Die blanchierten Gemüse mischen und leicht würzen.

Die Form mit dem Gemüse abwechselnd füllen, so daß ein paar schöne farbliche Kontraste entstehen.

Die Brühe aufsetzen, den Aspik in der Brühe auflösen und über die Gemüse gießen. Abdecken und im Kühlschrank mehrere Stunden gut durchkühlen lassen, bis die Sülze festgeworden ist.

Vor dem Anrichten die Gemüsesülze in Scheiben schneiden, auf Teller legen und mit der Kräutersauce garnieren.

Kräutersauce:
Als Saucenbasis dient Mayonnaise oder Crème fraîche mit Küchenkräutern, Pfeffer aus der Mühle und etwas Zitronensaft. Diese Zutaten nach Geschmack vermischen und abwürzen.

Weinempfehlung

Rivaner, Weingut K. H. Johner, Vogtsburg-Bischoffingen.

Anmerkung

Für manche Rezepte ist der Einkauf ruckzuck erledigt. Das trifft auch bei unserer Gemüsesülze zu. Man schnappt sich einfach nur den Einkaufskorb und kauft ein paar saisonal frische Gemüse. Wer dieses Gericht nahezu vegetarisch halten möchte, der stellt eine kräftige Gemüsebrühe her – ansonsten tut es eine ganz normale Fleischbrühe. Für die Kräutersauce nimmt man eine Schere und geht einmal quer durch den heimischen Kräutergarten – einfacher geht's nimmer.

Grüne Pfifferlingsülze

Vincent Klink, »Wielandshöhe«, Stuttgart

Zutaten

700 g frische Pfifferlinge • 4 kleingehackte Kalbsfüße • 2 l Fleischbrühe • 2 Schalotten (kleingehackt) • ½ Knoblauchzehe
2 Handvoll grüner Spinat • 1 Zweig Petersilie
1-2 EL Balsamico Essig • Olivenöl • Salz und Pfeffer aus der Mühle

Zubereitung

Schalotte mit einem Teelöffel Olivenöl glasig dünsten und mit der Fleischbrühe ablöschen, die kleingehackten Kalbsfüße dazu geben und so lange kochen, bis die Flüssigkeit auf die Hälfte eingekocht ist; durch ein Sieb passieren und wieder aufs Feuer setzen. Knoblauch, Salz, Petersilie, etwas Pfeffer aus der Mühle hinzugeben. Zehn Minuten kochen lassen, vom Feuer nehmen, Essig hinzugeben und abkühlen lassen. Die etwas ausgekühlte Brühe mit dem kurz blanchierten, im kalten Wasser abgeschreckten und in einem Tuch gut ausgedrückten Spinat in den Mixer geben und anschließend durch ein Haarsieb passieren.
Die Pfifferlinge putzen (möglichst nicht waschen), große eventuell halbieren und in Olivenöl und der übrigen Schalotte in der Pfanne auf mittlerer Hitze weich dünsten. Die Pfifferlinge mit einem Sieblöffel herausnehmen, den entstandenen Saft etwas einkochen, passieren und zur Geleebrühe geben. Eine längliche Terrinenform von zirka 1,5 l Inhalt mit Klarsichtfolie auslegen, die Pfifferlinge hineingeben und in den Kühlschrank stellen. Die durch den Spinat grün gefärbte Sulzbrühe in den Kühlschrank geben und warten, bis sie zähflüssig geworden ist. Anschließend über die Pfifferlinge gießen, umrühren, bis die Pilze gut verteilt sind, und mit Klarsichtfolie gut verschließen. Mindestens einen Tag im Kühlschrank ruhen lassen. Zum Servieren stürzen, Folie abziehen und in beliebig dicke Scheiben schneiden. Mit einer Sauce Vinaigrette servieren.
Am besten richtet man die Sülze auf einem Salatbukett an, das auch mit Vinaigrette angemacht ist.

Vinaigrette:
Für die Vinaigrette Olivenöl und etwas Essig oder Zitronensaft verrühren, mit Salz und Pfeffer abschmecken und frische Gartenkräuter dazugeben wie Schnittlauch, Petersilie, Pimpernelle und Borretsch. Anschließend nochmals mit Salz und Pfeffer abschmecken.

Weinempfehlung

Bönningheimer Sonnenberg, Weißburgunder Spätlese trocken, Weingut Ernst Dautel, Bönningheim.

Anmerkung

Das Herstellen von Sülze war in früheren Zeiten, als es fertige Gelatine noch nicht zu kaufen gab, eine etwas langwierige Geschichte. Man mußte, um beim Erkalten einer Fleischbrühe eine galertartige Konsistenz zu erhalten, gehackte Kalbsfüße auskochen. Dieses Verfahren hatte allerdings einen großen Vorteil: Der Geschmack der Sülze war wesentlich intensiver. Man kann natürlich mit etwas Gelatine nachhelfen, wenn die Brühe im Kühlschrank nicht zähflüssig und später fest wird.

Zander in Weinzwiebelmarinade

Hans Stefan Steinheuer, »Zur Alten Post«, Bad Neuenahr

Zutaten

400 g Zanderfilet • 300 g Zwiebel
5 cl Olivenöl • 0,2 l Riesling • 0,1 l Sherry trocken • Salz • Pfeffer aus der Mühle
4 reife Strauchtomaten • 1 EL Balsamessig
2 EL Kürbiskernöl • 2 EL Sonnenblumenkerne • gemischte Blattsalate für vier schöne Buketts • 0,1 l Walnußvinaigrette

Walnußvinaigrette:
5 cl kräftige Rinderbrühe • 1 Schalotte
1 cl Balsamico • 0,5 cl Sherryessig
3 cl Walnußöl • 2 cl Erdnußöl • 1 cl Olivenöl
1 Löffelspitze Dijon Senf • Salz • Pfeffer aus der Mühle

Zubereitung

Das Zanderfilet sollte an der Haut gut geschuppt und grätenfrei sein. Dann in vier gleich große Stücke teilen, mit Salz und Pfeffer würzen und in heißem Öl so lange scharf anbraten, bis der Fisch halb gar ist. Die Zwiebeln werden in feine Würfel geschnitten und in einen Topf gegeben, mit Riesling und Sherry aufgefüllt und so lange gekocht, bis die Flüssigkeit fast verkocht ist, anschließend mit Salz und Pfeffer abschmecken und heiß auf den Zanderfilets verteilen. Für 6-12 Stunden kühl stellen.
Die Strauchtomaten aufschneiden und auf einem Teller auslegen, mit Salz, Pfeffer, Balsamessig und Kürbiskernöl marinieren.
Die Salatbuketts in Walnußvinaigrette tauchen und ebenfalls anrichten.
Die Zanderfilets mit der Weinzwiebelmarinade müssen nun nochmal für 8-10 Minuten in den 250 °C heißen Ofen (nur Oberhitze!) und werden dann auf den Strauchtomaten angerichtet. Vor dem Servieren noch schnell ein paar geröstete Sonnenblumenkerne obendrauf streuen.

Walnußvinaigrette:
Brühe mit geschälten und klein geschnittenen Schalotten aufkochen und passieren.
Alle Zutaten anschließend langsam unter ständigem Mixen dazugeben und abschmecken.

Weinempfehlung

96er Blauer Burgunder, »weiß von rot«, Weingut Kreuzberg, Dernau.

Anmerkung

Man sollte jedes halbe Jahr den Bestand seiner Grundprodukte in der Küche überprüfen. Essig, Öl, Salz und Pfeffer hat jeder – aber wie steht's mit anderen Zutaten? Zum Beispiel: Balsam- und Sherry-Essig, Walnuß- und Erdnußöl, verschiedene Senfsorten, Noilly Prat Vermouth für Fischsaucen? Zum Rezept von Hans Stefan Steinheuer gehört nämlich eine Salat-Vinaigrette, die nur mit ein paar sorgfältig ausgewählten Zutaten zu einem echten Geschmackserlebnis wird. Hier sollte man nicht am falschen Ende sparen!

SEPTEMBER

Kaiserschotensuppe mit Riesengarnelen

Achim Müller, »Waldhorn«, Baden-Baden

Zutaten

500 g Kaiserschoten • 1 EL Butaris Butterfett • 2 mehlige Kartoffeln • 1 Petersilienwurzel • 2 Knoblauchzehen • 1 Zwiebel
Salz • Schwarzer Pfeffer aus der Mühle
300 ml Geflügelfond • 100 ml Weißwein
4 Riesengarnelen mit 4 Scheiben durchwachsenem Speck

Garnitur:
1 Scheibe geröstetes Toastbrot in Würfeln
Rosa Pfeffer • 1/4 l geschlagene Sahne
Pfefferminzblätter in Streifen geschnitten

Zubereitung

Die geputzten Kaiserschoten, die kleingeschnittenen Kartoffeln, die gewürfelte Petersilienwurzel und die feingehackten Knoblauchzehen zusammen mit der kleingehackten Zwiebel in Butterschmalz anschwitzen. Mit Salz und Pfeffer würzen.
Danach mit dem Weißwein ablöschen und den Geflügelfond dazugeben. Das Ganze einmal kurz aufkochen lassen und 20 Minuten sanft köcheln.
Danach die Suppe in den Mixer geben, zwei Eßlöffel Crème fraîche dazugeben und alles gut durchmixen.
Die Garnelen putzen und den Darm entfernen. Den durchwachsenen Speck kurz in heißem Wasser blanchieren und die Garnelen in den Speck wickeln, eventuell den Speck mit einem Zahnstocher feststecken.
Die Garnelen im Speckmantel langsam in Olivenöl braten, mit Küchenkrepp abtupfen, in mundgerechte Happen schneiden und in die Suppe geben.
Die Suppe vor dem Servieren mit einem Tupfer Sahne, Streifen von Pfefferminzblättern, ein paar rosa Pfefferkörner und gerösteten Weißbrotwürfeln garnieren.

Weinempfehlung

Durbacher Kapellenberg, Grauburgunder Kabinett, Weingut Josef Schwab, Durbach.

Anmerkung

Wichtig bei diesem Rezept: Der Räucherspeck, in den die Riesengarnelen eingewickelt werden, sollte unbedingt vor Gebrauch blanchiert werden, damit die starken Raucharomen etwas in den Hintergrund treten. Ansonsten würde er den Geschmack der übrigen Zutaten völlig überlagern. Die Riesengarnelen passen übrigens auch ganz hervorragend zu einer frischen Tomatensuppe.

Gefüllte Brust von der Maispoularde

Karl-Emil Kuntz, »Krone«, Herxheim-Hayna

Zutaten

2 Poulardenbrüstchen
250 g Weißbrotwürfel (ohne Rinde)
50 g fein gewürfelte Geflügelleber
40 g feine Apfelwürfel
30 g feine Zwiebelwürfel • 2 Eier
80 g Crème fraîche • 1 EL fein gehackte Kräuter (Petersilie, Basilikum, Rosmarin, Thymian) • 20 Blätter Spinat • Salz • Pfeffer
Muskat • Knoblauch (fein gerieben)
Schweinenetz

Zubereitung

Geflügelleber-, Apfel- und Zwiebelwürfel in brauner Butter gut anbraten, etwas abkühlen lassen, mit den Weißbrotwürfeln, Eiern, Kräutern und der Crème fraîche vermengen. Mit Salz, Pfeffer, Muskat und dem fein geriebenen Knoblauch abschmecken. Die Poulardenbrüstchen einschneiden und plattieren. Den Spinat putzen, waschen und blanchieren, mit einem Tuch trockentupfen. Die Poulardenbrüstchen würzen, mit dem Spinat belegen. Von der Brotfüllung faustgroße Stücke formen auf die Brüstchen legen, mit Spinat umhüllen und die Brüstchen aufrollen; nochmals würzen und in das zirka zwei Stunden vor Beginn gut gewässerte Schweinenetz einschlagen. In Butter anbraten und im Backofen bei 180 °C 15 Minuten garen.

Weinempfehlung

Forster Ungeheuer, Riesling, Spätlese trocken, Weingut Georg Mosbacher, Forst.

Anmerkung

Auf fast jedem Wochenmarkt wird heutzutage schlachtfrisches Geflügel angeboten. Am besten – aber auch am teuersten – ist Geflügel aus Freilandhaltung. Doch diese Investition lohnt sich, weil Federvieh, das glücklich gelebt hat, besser schmeckt. Man kann natürlich auch zum Feinkosthändler gehen und sich eine französische Bresse-Poularde kaufen. Die Qualität dieser Poularde wird als besonders hochwertig angesehen, weil das Federvieh in der französischen Region Bresse laut EU-Richtlinien das Recht auf viele Quadratmeter freien Auslauf hat.

Weinbergschnecken in der Tomate

Edy Ledig, »Edy's Restaurant«, Offenburg-Ortenberg

Zutaten

4 nicht zu große Fleischtomaten
48 Weinbergschnecken • 50 g Schalotten
10 g gezupfte Blattpetersilie
10 g Basilikumblätter • 4 Knoblauchzehen
200 g Butter • Saft von einer halben Zitrone
Salz • frisch gemahlener weißer Pfeffer
einige Liebstöckelblätter als Garnitur

Zubereitung

Die Tomaten kurz in kochendes Wasser tauchen, kalt abschrecken, abziehen und waagerecht halbieren. Mit einem Löffel aushöhlen und mit Salz und Pfeffer würzen.
Die Weinbergschnecken aus der Dose nehmen und abtropfen lassen.
Die Schalotten sowie die Kräuter sehr fein schneiden und die Knoblauchzehen durch die Knoblauchpresse treiben.
Die zimmerwarme Butter geschmeidig rühren. Mit den Schalotten, den Kräutern sowie dem Knoblauch vermischen. Mit Zitronensaft, Salz und Pfeffer abschmecken.
Etwa ein Viertel der Butter in einer Kasserolle schmelzen und darin die abgetropften Schnecken erhitzen. Die heißen Weinbergschnecken in die Tomatenhälften füllen.
Darüber die weiche Würzbutter streichen.
Die gefüllten Tomatenhälften auf eine vorgewärmte Gratinierplatte setzen und 3-4 Minuten unter den vorgeheizten Grill geben.
Auf vier vorgewärmte flache Teller je zwei Tomatenhälften plazieren. Mit heißer Kräuterbutter umgießen und mit Liebstöckel garnieren.
Frisches Stangenbrot dazu reichen.

Weinempfehlung

Durbacher Kochberg, Rosé, Weingut Durbach.

Anmerkung

Die Elsässer – und auch fast alle Köche in den anderen französischen Regionen – stecken die Weinbergschnecken, nachdem sie geputzt und abgekocht wurden, zurück in ihr Häuschen. Dann geben sie eine kräftige Portion Knoblauchbutter dazu und überbacken die Schnecken im Ofen. Es gibt aber auch andere Rezepte, zum Beispiel »Schnecken in Pernod-Sahne«, wie sie in dem Kneipen-Theater »La Choucoutrie« von dem französischen Barden Roger Siffer in Straßburg auf der Karte stehen. Aber gerade auch der Geschmack von vollreifen Fleisch- oder Strauchtomaten und Weinbergschnecken ist sehr harmonisch.

Polenta mit gerösteten Steinpilzen

Vincent Klink, »Wielandshöhe«, Stuttgart

Zutaten

500 g Steinpilze • 4 EL Mascarpone
1 Schalotte • 1 Knoblauchzehe
1 EL Olivenöl • 1 EL grob gehackte Blattpetersilie • Salz • Pfeffer

Polenta:
300 g Maisgries (es gibt zweierlei Sorten, das geeignetere ist immer das grobere Mehl) • 50 g Parmesan • 1 l Fleischbrühe
Pfeffer aus der Mühle • Maisgries zum Ausrollen • 30 g Butter

Zubereitung

Die Fleischbrühe zum Kochen bringen, den Maisgries langsam einrieseln lassen und bei milder Hitze unter stetem Rühren 45 Minuten ausquellen lassen. Mit Salz und Pfeffer würzen.
Dies ist das Grundrezept für Polenta.
Die Butter wird anschließend untergerührt und die Polenta mit Salz, Pfeffer und Parmesan gewürzt.
Tellerboden mit etwas Butter bestreichen, einen Eßlöffel Mascarpone daraufgeben und in den Kühlschrank stellen.
Die heiße Polenta darauf anrichten, die Teller kurz auf die Herdplatte oder aufs Gas stellen und in der Mitte die Pilze anrichten.
Steinpilze in Scheiben schneiden und mit dem Olivenöl scharf von allen Seiten braten. Wenn die eine Seite der Steinpilze gebraten und gewendet wurde, gibt man die Schalotten und etwas später den feingehackten Knoblauch dazu. Mit Petersilie, Salz und Pfeffer vollenden.

Weinempfehlung

Cuvé »S«, Sauvignon trocken, Weingut Aldinger, Fellbach.

Anmerkung

Die Polenta kommt angeblich aus Oberitalien. Sie besteht in überlieferten Originalrezepten nur aus Maisgries, Wasser und Salz und galt als »Arme-Leute-Essen«.
Polenta war wohl als sättigende Beilage gedacht. Sie ist einfach herzustellen und preiswert. Man kann Polenta allerdings auch zu einer Delikatesse machen, wenn man sie statt mit Wasser mit Fleischbrühe kocht und sie mit frisch geriebenem Parmesankäse abschmeckt. Polenta-Reste kann man übrigens hervorragend verwerten, indem man sie in Scheiben schneidet und in der Pfanne ausbackt. Bei Polenta gilt immer: Eine größere Menge ist leichter zu kochen als eine geringere. Deshalb lautet das Rezept für sechs Personen. Für Polenta ist ein Topf mit schwerem Boden unerläßlich.
Masarpone ist ein cremiger Frischkäse aus Italien, der mit dem Schneebesen geschlagen werden kann. Auf alle Fälle muß er für das Rezept glattgerührt werden.

Frischlingsrücken in Steinpilzcrêpe

Hans Stefan Steinheuer, »Zur Alten Post«, Bad Neuenahr

Zutaten

300 g Frischlingsrücken ausgelöst
100 g Putenfarce • 150 g Steinpilze
2 dünne Kräuterpfannkuchen • Salz, Pfeffer aus der Mühle • 1 Wirsing • 100 g Gemüsewürfel von Kohlrabi, Karotte, Steckrüben und Sellerie

Für die Sauce:
Frischlingsknochen • Öl • 500 g Karotten, Sellerie, Zwiebel gemischt • Lorbeer Thymian • 1 EL Tomatenmark
0,3 l Ahrburgunder • 0,5 l Brühe

Zubereitung

Den Frischlingsrücken in zwei gleich große Stücke schneiden, salzen und pfeffern. Steinpilze fein hacken und kurz anschwitzen, mit Küchenkrepp abtrocknen. Erkalten lassen und mit der Farce vermengen.
Zwei Kräuterpfannkuchen (Crêpes) dünn ausbacken, erkalten lassen und darauf die gemischte Farce streichen, anschließend die Frischlingsrückenfilets einrollen.
Aluminiumfolie mit Butter einstreichen und die Frischlingspfannkuchenrolle fest einwickeln. Im Ofen bei etwa 230 °C im Kern rosa braten.

Sauce:
Die gehackten Frischlingsknochen im heißen Öl anschwitzen. Das Gemüse dazugeben und mitrösten. Mit Tomatenmark kurz abrösten, Kräuter zugeben und mit Ahrburgunder Wein und Brühe auffüllen. Auf 0,2 l einkochen, fein sieben und eventuell mit etwas Stärkemehl leicht binden. Mit Salz abschmecken.

Gemüse:
Den Wirsing putzen, in Streifen schneiden und blanchieren, ebenso die Gemüsewürfel blanchieren, anschließend das Gemüse in Butter mit etwas Brühe anschwenken und nochmal mit Salz abschmecken.

Den Frischlingssteinpilzcrêpe aus der Folie packen, aufschneiden und auf dem Gemüse anrichten, mit der Ahrburgunder-Sauce umgießen.

Weinempfehlung

96er Neuenahrer Sonnenberg, Spätlese trocken, Weingut Lingen, Bad Neuenahr.

Anmerkung

Die aktuelle Nachricht des Deutschen Jagdschutz-Verbandes Mitte 1997 klang für Feinschmecker eigentlich sehr angenehm. Da war zu lesen: Es gibt in Baden-Württemberg und Rheinland-Pfalz zu viele Wildschweine! Die betroffenen Landesjagdverbände empfahlen ihren Mitgliedern sogar teilweise per Faltblatt, wie die intensivere Bejagung auszusehen habe.
In dieser Empfehlung war zu lesen, daß besonders in die »Jugendklasse« einzugreifen sei. Das heißt für den Verbraucher: Fleisch von jungen Wildschweinen ist reichlich vorhanden und preiswert.
Die Zeiten, in denen diese Delikatesse nur von einer privilegierten Oberschicht genossen werden konnte, sind wohl endgültig vorbei.

OKTOBER

Gamskeule mit Rotweinpflaumen

Achim Müller, »Waldhorn«, Baden-Baden

Zutaten

250 g Backpflaumen entsteint, 1 kleine Zimtstange, 500 ml Rotwein (über Nacht einweichen) • 2 Zwiebeln • 100 g Sellerie
2 Nelken • 200 g Karotten • 1 Lorbeerblatt
1,2 kg Gamskeule • Salz • Pfeffer aus der Mühle • 3 EL Öl • 2 TL Tomatenmark
$^3/_4$ l Wildbrühe oder Rinderbrühe

Zubereitung

Zwiebel, Sellerie, Karotten in Würfel schneiden.
Die Gamskeule von allen Sehnen und Häuten befreien, das Fleisch mit Salz und Pfeffer würzen und rundrum gut in Öl anbraten. Jetzt zuerst die Gemüse, dann die Gewürze und das Tomatenmark dazugeben und alles kräftig mit anrösten. Mit Brühe und Rotwein ablöschen, zirka 1 $^1/_2$ Stunden bei mittlerer Hitze im Ofen schmoren. In den letzten 30 Minuten der Garzeit die Rotweinpflaumen mitkochen.

Den Braten herausnehmen und warmstellen. Den Bratensud durchsieben, die Pflaumen beiseite stellen. Die Sauce nachwürzen, eventuell noch einreduzieren lassen oder mit etwas Speisestärke binden. Den Gamsbraten in Scheiben schneiden und mit den Pflaumen und der Sauce servieren.
Als Beilage eignen sich Spätzle oder Kartoffelknödel und Rotkraut.

Weinempfehlung

Zell-Weierbacher Abtsberg, Spätburgunder Rotwein, Weingut von und zu Franckenstein, Offenburg.

Anmerkung

Die Gemse (oder auch Gams) gehört zu den sogenannten »Boviden« (Hornträger) und ist eine Art Wildziege. Sie kommt nicht nur im Hochgebirge vor, sondern auch im Schwarzwald. Die Gemse hat meist einen recht ausgeprägten, aber sehr feinen Wildgeschmack, deshalb muß sie besonders sorgfältig zubereitet werden. Am besten: Man schmort den Gamsbraten langsam bei nicht zu hohen Gartemperaturen. Die Backpflaumen, die über Nacht in Rotwein eingelegt werden, sorgen für leichte, angenehme Süßaromen und können Preißelbeeren oder ähnliche Beigaben hervorragend ersetzen.

Rehkeule eignet sich auch für diese Rezeptur. Die Garzeit ist allerdings wesentlich geringer.

Parfait von Reh- oder Kalbsleber

Karl-Emil Kuntz, »Krone«, Herxheim-Hayna

Zutaten

100 g Rehleber oder auch Kalbsleber
100 g Gänseleber • Salz • Pfeffer
etwas Pastetengewürz • 60 g Butter
50 g Crème fraîche • 1 Ei • 1 Eigelb
1 EL Cognac • 2 EL Portwein

Eingelegte Zwiebeln:
150 g kleine Zwiebeln oder Schalotten
20 g Zucker • 1 TL Honig • 1 Thymianzweig
3 cl Obstessig • 0,2 cl Weißwein

Eingelegte Feigen:
50 g Zucker • Schale von je einer halben unbehandelten Zitrone und Orange • Saft von 2 Zitronen und Orangen • 1/2 l Johannisbeersaft (natur) • 1 EL schwarzes Johannisbeergelee • 2 cl Johannisbeerlikör
1 cl Obstessig • 12 schöne Feigen

Zubereitung

Reh- und Gänseleber von Adern und Häuten befreien und durch ein feines Sieb streichen. Die pürierte Leber mit Salz, Pfeffer und Pastetengewürz würzen. Diese Masse im Mixer mit der vorher geschmeidig gerührten Butter, der Crème fraîche, dem Ei, den Eigelben, dem Cognac und Portwein gut durcharbeiten und in eine Terrinenform einfüllen. Mit Alufolie abdecken.
Die Terrine in ein auf 75 °C vorgeheiztes Wasserbad stellen und im Ofen bei 150 °C eine Stunde pochieren. Danach abkühlen lassen und zirka zwölf Stunden im Kühlschrank stehen lassen. Das Parfait dann herausnehmen und nochmals durcharbei ten und gegebenenfalls nachwürzen.

Eingelegte Zwiebeln:
Zwiebeln oder Schalotten schälen und halbieren. Zucker und Honig in einem Topf zu Karamel schmelzen. Zwiebeln beziehungsweise Schalotten sowie den Thymianzweig beigeben. Mit Obstessig und Weißwein ablöschen und ganz stark einkochen lassen, bis die Zwiebeln weich sind und die Flüssigkeit eine sirupartige Konsistenz hat. Kalt stellen.

Eingelegte Feigen:
Zucker in einem Topf hellbraun schmelzen. Orangen-, Zitronenschale, Saft von Orange und Zitrone sowie Johannisbeersaft beigeben. Danach Johannisbeergelee und Obstessig ebenso. Alles gut einkochen lassen. Feigen schälen und in die heiße Flüsigkeit legen. Einmal aufkochen, vom Feuer nehmen und auskühlen lassen.
Den Johannisbeerlikör einrühren und zum Marinieren einen Tag stehen lassen.

Zum Anrichten mit einem Eßlöffel eiförmige Nocken von dem Parfait ausstechen und auf die eingelegten Feigen auflegen.

Mit den eingelegten Zwiebeln und Salat garnieren. Zum Schluß mit Kastanienhonigessig beträufeln.

Weinempfehlung

Flemlinger Herrenbuckel, Riesling Spätlese trocken, Georg Meßmer, Burrweiler.

Anmerkung

Innereien wie Leber, Herz und Nieren sind in den vergangenen Jahren etwas aus der guten Küche verdrängt worden. Kein Wunder: Ärzte weisen auf Gesundheitsschädigungen durch Harnsäure hin. Besonders Menschen mit Gicht- oder Rheumabeschwerden reagieren bisweilen empfindlich auf den Verzehr von Innereien. Aber, wie bei allen anderen Dingen auch, kommt es auf die Dosierung an. Wer beispielsweise einmal im Monat mit Genuß ein Stück Kalbsleber verzehrt, wird davon wohl kaum krank werden. Tip: Fragen sie mal einen Jäger, ob er Ihnen nach seinem nächsten Waidmannsheil eine tagesfrische Rehleber verkauft. Ein absoluter und seltener Hochgenuß, weil Jäger das sogenannte »Reh-Leberle« so gut wie immer selbst verzehren.

Poularde in Riesling

Edy Ledig, »Edy's Restaurant«, Offenburg-Ortenberg

Zutaten

2 Poularden von je 1,2 kg • 1 Zwiebel
2 Knoblauchzehen • 1/2 l Riesling
300 g Champignons • 1/2 l Crème fraîche
280 g Butter • Salz und Pfeffer • Saft einer halben Zitrone

Zubereitung

Die Poularden vierteln, salzen und pfeffern. Die Stücke in einer Schmorpfanne mit wenig Butter leicht anbraten. Zwiebel und Knoblauchzehen vierteln, hinzufügen und mit dem Riesling ablöschen. Die in Scheiben geschnittenen Champignons mit wenig Butter und dem Saft einer Zitrone in einer Pfanne schmoren lassen. Abtropfen lassen und warm stellen. Den Champignonsud auf die Hühnerstücke gießen. Bei schwacher Hitze 35 Minuten ziehen lassen.

Die Hühnerstücke auf einer vorgewärmten Platte anrichten und die Champignons darüber streuen. Crème fraîche in den Sud geben. Fünf Minuten einkochen lassen. Den Rest der Butter in die Sauce schlagen und abschmecken.

Zum Anrichten die Poulardenstücke auf vorgewärmte Teller geben und mit der Sauce übergießen. Dazu passen hausgemachte Nudeln.

Weinempfehlung

Ortenberger Freudental, Riesling, Kabinett, Weingut Ortenberg, Offenburg.

Anmerkung

Der »Coque au Riesling« ist ein Bestandteil der traditionellen elsässischen Küche:
Ein Hahn oder Hähnchen mit einer hellen Rieslingsauce. So ist es eben im Elsaß:
Hier wird in der Küche mit Knoblauch, Wein, Sahne und Butter nicht gespart und so schmeckt es dann hinterher auch.
Für dieses Rezept eignet sich eine vollfleischige Poularde – man kann aber auch sogenannte »Stubenküken« nehmen. Die Nudeln zu diesem Gericht sollte man eigentlich selber machen oder aber Produkte allerbester Qualität kaufen. Dieses Rezept eignet sich für sechs Personen am besten, denn eine Poularde ist für vier Personen zu wenig und zwei wären zuviel.

Schwäbische Maultaschen

Vincent Klink, »Wielandshöhe«, Stuttgart

Zutaten

1 kg Nudelteig (beim Bäcker vorbestellen)
500 g Spinat (feingehackt) • 2 Zwiebeln
1 Stange Lauch • 1 Bund Petersilie
250 g Hackfleisch (am besten nicht zu mageres Schweinefleisch, wie Hals oder magerer Bauch) • 100 g Rauchfleisch
2 altbackene Brötchen (in Scheiben geschnitten und in etwas warmer Milch eingeweicht) • 2-3 Eier • Salz • Pfeffer
Muskat

Zubereitung

Zwiebeln, Speck, den in Scheiben geschnittenen Lauch in Butter gut anrösten und in eine Schüssel geben. Das Hackfleisch, die ausgedrückten Brötchen und die restlichen Zutaten dazugeben. Mit Pfeffer, Salz und Muskat durchmengen und würzen. Alles muß gut durchgeknetet sein, damit die Farce eine gute Bindung bekommt.
Nun den ausgerollten Nudelteig auf einem bemehlten Brett ausbreiten und in zehn Zentimeter lange Rechtecke schneiden.
In der Mitte einen aprikosengroßen Kloß Brät plazieren, die Ränder mit etwas Ei bepinseln und ein gleichgroßes Stück Teig obenauf legen und die Ränder gut andrücken. In leicht kochendem Salzwasser zirka zehn Minuten ziehen lassen.
Die Maultaschen können in zweierlei Versionen angerichtet werden: entweder in der Brühe, oder als normales Tellergericht mit grünem oder Kartoffelsalat. In jedem Fall gehört eine Butter-Zwiebelschmälze über die Maultaschen.

Weinempfehlung

95er Schorndorfer Grafenberg, Sylvaner trocken, Weingut Ellwanger, Winterbach.

Anmerkung

Für Maultaschen gibt es sicherlich tausende verschiedener Rezepte – und jeder glaubt, daß sein Rezept das einzig richtige sei. Die einen schwören auf einen hohen Anteil von Spinat, die anderen machen die Farce nur mit Kalbsbrät, wiederum andere mischen fein geschnittene Bratenreste unter die Füllung und so weiter. ... und deshalb wollen auch wir auf keinen Fall den Anspruch erheben, das einzig wahre Maultaschenrezept zu veröffentlichen.
Nur: So, wie Vincent Klink sie macht, sind sie ziemlich schwäbisch und sehr lecker.

Apfel-Meerrettichsuppe mit Saibling

Hans Stefan Steinheuer, »Zur Alten Post«, Bad Neuenahr

Zutaten

30 g Butter • 4 Äpfel (Cox' Orange)
1 kleine Zwiebel • 3 EL Meerrettich und 40 g Meerrettichwurzel • 1 Lorbeerblatt
0,5 l Brühe • 0,4 l Sahne • 1 EL Crème fraîche • 0,1 l Weißwein • 1 cl Calvados
Cayenne-Pfeffer • 2 Saiblinge à 150 g
Salz • Zitrone • 2 cl Olivenöl

Einlage:
1 Rote Bete • 2 Wirsingblätter • 1 Apfel (Cox' Orange)

Zubereitung

Eine kleine Zwiebel in Scheiben schneiden. Vier Cox' Orange-Äpfel achteln und beides in Butter kurz glacieren. Die Meerrettichwurzel schälen, kleinschneiden und hinzugeben. Mit Weißwein, Brühe und Sahne auffüllen. Ein Lorbeerblatt zugeben, sowie drei Eßlöffel eingekochten weißen Meerrettich aus dem Glas. Die Suppe 15 Minuten kochen, mit Calvados, Salz und Cayenne-Pfeffer abschmecken. Crème fraîche zugeben, anschließend mit dem Mixstab pürieren und absieben.

Einlage:
Die Saiblinge filieren und die Gräten ziehen. Mit Salz und Zitrone würzen. Anschließend auf der Hautseite in Olivenöl kurz anbraten, einmal wenden und im Ofen fertig garen.
Rote Bete in feine Streifen schneiden und im heißen Fett fritieren. Wirsingblätter in feine Streifen schneiden, anschließend blanchieren. Äpfel schälen, entkernen und ebenfalls in feine Streifen schneiden.

Zum Anrichten Wirsing und Apfelstreifen in vorgewärmte Suppenteller geben und die Saiblingfilets darauf legen. Mit der aufgeschäumten, heißen Suppe auffüllen und die fritierte Rote Bete darüber streuen.

Weinempfehlung

96er Weißherbst, Saumon de l'Ahr, Weingut Deutzerhof, Mayschoß.

Anmerkung

Beim Thema Umwelt gibt es auch gute Nachrichten. Zum Beispiel: Im Rhein gibt es wieder Lachse, und der Saibling, der sich nur in kristallklarem, sauberen Wasser wohlfühlt, kehrt langsam in unsere Flüsse und Bäche zurück. Der Saibling ist ein sehr edler Süßwasserfisch mit bisweilen rosafarbenem Fischfleisch. Wenn man den Saibling in der Pfanne brät, sollte man dies schonend auf der Hautseite tun. Wichtig bei diesem Rezept ist der frische Meerrettich, der mit seinem unverwechselbaren Aroma absolut unersetzlich ist.

NOVEMBER

Gebeizte Lachsforelle in Kräuterjoghurt

Achim Müller, »Waldhorn«, Baden-Baden

Zutaten

4 Lachsforellenfilets • 200 g Joghurt
120 g Sauerrahm • gehackte Kräuter wie: Kerbel, Petersilie, Schnittlauch
4-5 Blatt Gelatine • Brauner Zucker
Senfkörner • 1 Stange Lauch • 2 Karotten
1 Handvoll Selleriestreifen • 1 Zitrone

Zubereitung

Am Vortag Lachsforellenfilets mit Karotten, Lauch und Selleriestreifen (zirka 200 g), Salz, braunem Zucker, Senfkörnern und etwas Zitronensaft marinieren.
Am nächsten Tag den Joghurt, den Sauerrahm, eine Prise Salz, einen Spritzer Zitrone und die feingehackten Kräuter miteinander vermengen. Die Gelatine auflösen und unter die Joghurt-Kräutermasse heben.
Eine Terrinenform mit Klarsichtfolie ausschlagen. Die Lachsforellenfilets in dünne Scheiben schneiden und mit der Joghurtmasse schichtweise in die Form einlegen.
Die Terrine mindestens 24 Stunden im Kühlschrank erstarren lassen.
Zum Anrichten die Terrine aus der Form heben und mit einem heißen Messer in Scheiben schneiden. Dazu paßt ein kleines, winterliches Salatbukett.

Weinempfehlung

95er Durbacher Kapellenberg, Riesling Kabinett trocken, Weingut Josef Schwab, Durbach.

Anmerkung

Hausgebeizter Lachs steht in vielen Restaurants als Vorspeisen-Standard auf der Karte. So etwas kann man mit ganz wenig Aufwand auch zuhause am heimischen Herd machen. Hauptperson beim Rezept von Achim Müller ist aber nicht der Lachs, sondern die Lachsforelle. Abweichend von vielen anderen Rezepten für Beizen gehört hier noch eine Gemüse-Julienne (feine Streifen) dazu. Falls Sie diese Forellen-Joghurt-Terrine im Frühjahr zubereiten, paßt auch hervorragend ein Salat von lauwarm mariniertem Stangenspargel dazu.

Lebkuchen-Mousse mit Punschsauce

Karl-Emil Kuntz, »Krone«, Herxheim-Hayna

Zutaten

3 Eier • 3 Eigelbe • 50 g Zucker (alles zusammen zur Rose abziehen)
2-3 cl Kirschwasser • 150 g dunkle Kuvertüre
100 g Lebkuchen • 8-10 g Lebkuchengewürz • 500 g geschlagene Sahne
evtl. 1-2 Blatt Gelatine

Punschsauce:
150 g kräftiger Rotwein • 150 g schwarzer Tee • 100 g Orangensaft • Schale von 1 Zitrone und 1 Orange • 80 g Zucker
6 cl Rum • 2 Gewürznelken • 1 Zimtstange
20 g Kirschwasser • 10 g Sherry
Speisestärke zum Binden

Birnenkrapfen:
1 Birne (8 Schnitze) • 100 g Mehl
100 ml Wein • 1 Ei • 1 EL Öl
Prise Salz und Zucker

Zubereitung

Gelatine in Kirschwasser auflösen. Lebkuchen reiben. Die Zutaten in die Eiermasse einrühren, Gewürze dazugeben. Zum Schluß geschlagene Sahne unterheben.

Für die Punschsauce alle Zutaten aufkochen und mit etwas Speisestärke abbinden.
Ei trennen, Eiweiß mit etwas Zucker zu Schnee schlagen und unter die Masse heben, die Birnen leicht mehlieren, im Backteig eintauchen, im Fett schwimmend ausbacken und in Zimtzucker wenden.

Weinempfehlung

Spätburgunder Rotwein, Tafelwein trocken, Siegrist, Leinsweiler.

Anmerkung

Bei Winter-Desserts haben alle Köche in Mitteleuropa dasselbe Problem: Es gibt keine frischen heimischen Beeren.
Aber Äpfel und Birnen sind verfügbar, man kann mit Schokolade, Crèmes und Kuchen arbeiten und mit ein wenig Phantasie kriegt man so auch zu Beginn der kalten Jahreszeit süße Köstlichkeiten zum Nachtisch hin.
In vielen Herbst- und Winter-Desserts werden übrigens gerne diejenigen Gewürze und Aromen verwendet, die uns die Vorweihnachtszeit beschert.

Tee vom Reh

Edy Ledig, »Edy's Restaurant«, Offenburg-Ortenberg

Zutaten

600 g Rehfleisch vom Hals • 1 Karotte
80 g Sellerie • 2 Schalotten (mittelgroß)
$^1/_2$ Stange Lauch (nur das Weiße)
2 Tomaten • 1 kleiner Bund Kerbel
10 weiße Pfefferkörner • etwas Koriander
Salz

Zubereitung

Das Rehfleisch in kleine Würfel schneiden oder durch die grobe Scheibe des Fleischwolfs drehen. Die Gemüse ebenfalls durchdrehen. Den grob gehackten Kerbel und die Gewürze dazugeben, alles gut vermischen und in ein großes Weckglas füllen, mit Wasser aufgießen und fest verschliessen. Das Glas in einen großen Topf stellen und mit soviel Wasser auffüllen, daß das Glas gut bedeckt ist. Das Wasser erhitzen, bis es leise siedet und das Ganze etwa drei Stunden ziehen lassen. Um das Platzen des Glases zu verhindern, stellt man einen Gitterrost oder eine Unterlage aus Stoff auf den Topfboden unter das Glas. Den Reh-Tee nach dem Garprozeß etwa 15 Minuten ruhen lassen. Sie können den Reh-Tee in der Küche durch ein feines Sieb oder Tuch passieren, in Tassen füllen und servieren.

Sie können aber auch das geschlossene Weckglas auf den Tisch stellen und erst dann öffnen: Das Aroma, das aus dem Glas steigt, ist es wert. Man schöpft dann mit einer Kelle die Brühe direkt aus dem Glas in den Teller oder die Tasse.
Dieser Reh-Tee kann auch vielseitige Verwendung finden, zum Beispiel um Saucen, die zu stark eingedickt sind, wieder zu verflüssigen.

Weinempfehlung

95er Plauelrain, Spätburgunder Rotwein trocken, Andreas Laible, Durbach.

Anmerkung

Wenn es sogenannte Kraftbrühe vom Rind gibt, warum soll es nicht auch eine solche von Wildfleisch geben? Die Engländer nennen eine solche Kraftbrühe »Beeftea« – Edy Ledig nennt seine Kreation »Reh-Tee«. Dieses Rezept hat auch eine kleine Geschichte: Angeblich hat es der Chemiker Justus von Liebig erfunden, als seine Tochter krank war und jede Nahrungsaufnahme verweigerte. Für die Zubereitung wird das etwas weniger hochwertige und sehr preiswerte Halsfleisch vom Rehwild verwendet.

Entenleberparfait mit Apfelsalat

Vincent Klink, »Wielandshöhe«, Stuttgart

Zutaten

500 g Entenleber • 500 g flüssige abgeschäumte Butter • 18 g Pökelsalz
1 MS Nelkenpulver • 1 MS Koriander
1 MS Kardamom • ingesamt 4 cl Reduktion von Portwein, Noilly Prat, Cognac

Apfelsalat:
2 mittelgroße Äpfel, möglichst Boskop oder Cox' Orange • 1 EL Butter • 1 EL Preiselbeeren • 1 TL Balsamicoessig • 1 TL Zucker

Zubereitung

Die Entenlebern von allen Sehnen und Blutgefäßen befreien und zusammen mit der Butter, dem Pökelsalz, den Gewürzen und der Reduktion von Cognac, Portwein und Nouilly Prat zu einer geschmeidigen Masse verarbeiten. Eine ausreichend große Terrinenform mit Klarsichtfolie auslegen. Die gewürzte Lebermasse einstreichen und die Terrine 45 Minuten im etwa 70 °C warmen Wasserbad pochieren. Danach die Terrine in den Kühlschrank geben und gut durchkühlen lassen.

Apfelsalat:
Die Äpfel schälen, in Schnitze schneiden und in einer Pfanne mit Butter und dem Zucker scharf anbraten, so daß der Zucker karamelisiert und die Äpfel etwas braun werden. Die Äpfel in der Pfanne mit dem Balsamico ablöschen, die Preiselbeeren dazu geben und alles gut durchschwenken. Diesen Apfelsalat möglichst warm mit der Pastete auf den Tisch bringen. Die Pastete allerdings muß beim Servieren eisgekühlt sein.

Weinempfehlung

Neuberger Schloßberg, Traminer Auslese trocken, Graf Neuberg, Schweigern.

Anmerkung

Viele Feinschmecker lehnen die Leber von gestopftem Geflügel rigoros ab. Das ist durchaus verständlich, denn die Prozedur des Stopfens hat mit artgerechter Tierhaltung ganz sicher überhaupt nichts mehr zu tun. Es gibt viele, wohlschmeckende Alternativen, die mit der Leber von ganz »normalen« Enten und Gänsen zubereitet werden. Dieses Rezept eignet sich als winterliche Vorspeise zum Weihnachtsfest oder als eine kleine Leckerei zwischen den Festtagen.

Rheinische Schnippelbohnen mit Bratwurst

Hans Stefan Steinheuer, »Zur Alten Post«, Bad Neuenahr

Zutaten

Pro Person 150 g grobe Bratwurst
50 g Butter • 50 g fetter geräucherter Speck • 500 g vorbereitete rheinische Schnippelbohnen • 100 g Kartoffelwürfel
1 Tomate • 1 kleine Zwiebel • $^1/_2$ l Rinderbrühe • 1 kleine ganze Kartoffel
1 Lorbeerblatt • Pfeffer aus der Mühle

Vorbereitung

Die grünen Gartenbohnen in feine schräge Scheiben schneiden (schnippeln), kurz blanchieren und dann lagenweise in einen Sauerkrauttopf legen und mit Salz bestreuen, mit einem Tuch abdecken und mit einem schweren Stein beschweren. Nach einigen Tagen setzt die Milchsäuregärung (wie bei Sauerkraut) ein. Nun den Bohnentopf immer wieder abschäumen und nach zirka vier Wochen die Bohnen entnehmen.

Zubereitung

500 g der eingelegten Bohnenscheiben warm abwaschen. Die Butter und den in feine Würfel geschnittene, fette Speck mit den in Scheiben geschnittenen Zwiebeln kurz anschwitzen. Die Bohnenscheiben ebenso wie die Kartoffelwürfel und die abgezogene und geachtelte Tomate hinzugeben. Das Ganze mit Brühe auffüllen, eine Kartoffel zur Bindung hineinreiben, mit Lorbeerblatt und Pfeffer aus der Mühle würzen und 30-40 Minuten garen lassen. Die grobe Bratwurst eventuell mit etwas Senf bestreichen und in der Pfanne braten. Zusammen mit den Schnippelbohnen servieren.

Getränkeempfehlung

Kölsch, am liebsten vom Faß.

Anmerkung

Wer macht sich heute noch die Mühe und steckt Bohnen ins Faß? Diese Methode, Bohnen einzumachen und wie eine Art Konserve haltbar zu machen, ist bei den Hausfrauen so gut wie ganz aus der Mode gekommen. Schade, denn man verpaßt auch den ursprünglichen Geschmack eines sehr bodenständigen Eintopf-Gerichtes, wie es im Rheinland eine lange Tradition hat.

Dezember

Badischer Entenbraten

Achim Müller, »Waldhorn«, Baden-Baden

Zutaten

1 Bauernente (zirka 2,5 kg)
2 Zwiebeln und 1 Apfel (gewürfelt)
1 Stengel Majoran • 1/4 l Wasser
2 EL gehackte Petersilie • Salz
Pfeffer aus der Mühle • 5 cl Portwein
1/2 l Geflügelbrühe

Zubereitung

Die Ente in einen Bräter legen und mit 1/4 l Wasser aufgießen. Im Backofen bei 180 °C etwa 45-60 Minuten schmoren. Ab und zu mit dem herausgebratenen Fett begießen.

Sauce:
Nach dieser Garzeit die Ente herausnehmen. Für die Sauce die Flügel und Halsstücke im Bräter schmoren und dann die Füllung der Ente dazugeben. Jetzt die Geflügelbrühe angießen und den Saucenfond bei kleiner Hitze zirka 20 Minuten köcheln lassen. Dann die Sauce absieben, je nach Wunsch entfetten, mit Portwein verfeinern und mit Salz und Pfeffer abschmecken. Eventuell mit etwas Speisestärke binden.

Die Keulen von der Ente abtrennen und die Knochen auslösen. Bei der Entenbrust ebenso verfahren. Zum Schluß die ausgelösten Ententeile unter den Grill legen und bräunen.

Die Entenstücke auf vorgewärmten Tellern anrichten und mit der Sauce umgießen. Dazu passen Preiselbeer-Rotkraut, Kartoffelknödel und glacierte Maronen.

Weinempfehlung

Oberbergener Baßgeige, Spätburgunder Rotwein trocken, Franz Keller, Vogtsburg-Oberbergen.

Anmerkung

Wem ein Gänsebraten um die Weihnachtszeit zu fett ist (obwohl man alles überflüssige Fett abschöpfen kann), der hat hier die Festtags-Alternative. Doch Achtung! Beim Einkauf des Geflügels muß man peinlich genau auf die Qualität und Herkunft achten. Achim Müller bezieht sie von einem Bauern, der ihm weibliche Enten liefert, die nicht älter sein dürfen als zwölf Monate. Fragen Sie Ihren Gefügelhändler und geben Sie ruhig ein paar Mark mehr aus. Tiefkühlware ist für dieses Rezept nur bedingt geeignet.

Pfälzer Weihnachtsgans

Karl-Emil Kuntz, »Krone«, Herxheim-Hayna

Zutaten

1 Gans mit Innereien • 2 Zwiebeln • 2 Äpfel Majoran • ca. 1-2 EL Petersilie • Salz • Pfeffer

Füllung:
6 altbackene Brötchen ohne Rinde • Milch
3 Eier • Crème fraîche • Frische Kräuter wie: Kerbel, Petersilie, Schnittlauch, Basilikum, Majoran, Rosmarin und Thymian
1 Knoblauchzehe • Muskat

Zubereitung

Die Brötchen in etwas Milch einweichen, zwei Zwiebeln, die Leber der Gans und zwei Äpfel in Würfel schneiden und in Butter anschwitzen. Die Zwiebel-Apfel-Masse beiseite stellen und leicht abkühlen lassen. Jetzt die drei Eier mit etwas Crème fraîche glattrühren und die eingeweichten, ausgedrückten Brötchen hinzugeben.
Die frischen Kräuter und den zerdrückten Knoblauch dazugeben. Mit Salz, Pfeffer und Muskat abschmecken. Dann diese Kräutermischung unter die Brötchenmasse geben und vermengen.
Die Gans zirka 30 Minuten in Eiswasser legen. Die Flügel und den Hals abschneiden, kleinhacken und für die Sauce beiseite legen.

Den Ofen auf 175 °C vorheizen. Die Gans trocken tupfen und danach innen und außen mit Salz und Pfeffer einreiben, mit der Kräuter-Äpfel-Zwiebel-Brötchen-Mischung füllen und zubinden. Die Gans in einen Bräter einlegen und 1 Liter Wasser zugießen. Zirka 2,5 Stunden im vorgeheizten Backofen bei 175 °C braten. Dabei ab und zu mit dem herausgebratenen Fett begießen.

Die fertige Gans herausnehmen und warmstellen. Das Bratfett abschöpfen und beiseite stellen. Für die Sauce Flügel und Halsstücke im Bratensatz der Ente bräunen. Etwas Brühe zugießen und 20-30 Minuten bei kleiner Hitze köcheln lassen.
Zum Schluß den Saucenfond mit Salz und Pfeffer abschmecken und etwas vom ausgebratenen Gänsefett dazugeben.

Die Gans tranchieren. Mit Kartoffelknödeln, Apfelrotkohl und Sauce servieren.

Weinempfehlung

Laumersheimer Kapellenberg, Schwarzriesling, Auslese trocken, Weingut Knipser, Laumersheim.

Anmerkung

Der Küchen-Klassiker im Dezember ist und bleibt eine schöne, knusprig braune Weihnachtsgans. Doch auch hier ist der Einkauf sehr wichtig. Ab und zu sind Hausfrauen beziehungsweise -männer völlig enttäuscht, weil nach der Bratzeit statt des zarten Gänsebratens ein zähes, fettes Vieh aus dem Ofen kommt. Kleiner Tip: Schon Ende Oktober/Anfang November ihre Weihnachtsgans beim Bauern, den sie kennen, bestellen!
So haben sie die besten Chancen, ein gutes Produkt zu bekommen. Ganz wichtig: Die Gans sollte nach dem Schlachten ein paar Tage im Kühlhaus ruhen.

Zander und Lachsforelle im Strudelteig

Edy Ledig, »Edy's Restaurant«, Offenburg-Ortenberg

Zutaten

Farce:
100 g Hechtfilet oder Zander
100 g Crème double • 1 Ei
Salz und Pfeffer aus der Mühle

Zander und Lachsforelle:
400 g Zander und Lachsforellenfleisch
Salz • Zitronensaft • 4 Blätter Wirsing (blanchiert)

Sauce:
Rote und gelbe Paprikaschoten
$^1/_2$ l Fischfond • $^1/_4$ l trockener Weißwein
ca. 250 g Strudelteig (gefroren)

Zubereitung

Das gut gekühlte Hechtfleisch in Stücke schneiden, salzen und im Küchenmixer zu einer feinen Farce verarbeiten. Das Ei dazugeben und nach und nach ebenso die Crème double. Mit Salz und Pfeffer abschmecken, durch ein Haarsieb streichen und in den Kühlschrank stellen.

Den Wirsing putzen, vier schöne große Blätter blanchieren. Den Strudelteig dünn ausrollen und vier Quadrate daraus schneiden. Das Zander- und Lachsforellenfleisch in Stücke schneiden, mit Salz und Zitronensaft würzen und in die blanchierten Wirsingblätter einrollen. Die vier Strudelblätter mit Eiweiß bestreichen, den gewürzten Fisch im Wirsingblatt mit Fischfarce einwickeln, auf die Strudelblätter legen und einpacken. Anschließend die Strudelrollen mit Eiweiß bestreichen und im Ofen bei 190 °C etwa zwölf Minuten backen.

Paprikasauce:
Die roten und gelben Paprikaschoten von der Hautseite her in Öl anbacken, die Haut abziehen. Die gelben und danach die roten Paprika pürieren, mit Fischfond und Weißwein aufgießen. Die Sauce eventuell noch etwas einreduzieren lassen, mit Salz und Pfeffer abschmecken. Zum Schluß ein paar Stückchen eiskalte Butter zur Bindung der Sauce einarbeiten. Man kann auch Mehlbutter zum Binden verwenden.

Die Sauce mit dem Pürierstab aufmixen, auf vorgewärmten Tellern anrichten, die Fischstrudel schräg in Scheiben schneiden, auf die Sauce setzen und servieren.

Weinempfehlung

94er Durbacher Schloß Grohl, Weißburgunder Kabinett trocken, Gräfliches Wolff Metternichsches Weingut, Durbach.

Anmerkung

In der Spitzenküche wird sehr häufig Strudelteig verarbeitet. Diesen Strudelteig kann man getrost tiefgekühlt kaufen. Wichtig beim Zubereiten der Sauce ist ein kräftiger Fischfond. Diesen Fischfond kann man aus den Abschnitten und Resten der verwendeten Fische, Weißwein und Gewürzen selbst zubereiten. Aber auch hier kann die Köchin beziehungsweise der Koch auf Fertig-Produkte (Fonds im Glas) zurückgreifen. Dieses Rezept eignet sich als festlicher Fischgang zur Weihnachtszeit.

Linsensuppe mit Rauchaal

Vincent Klink, »Wielandshöhe«, Stuttgart

Zutaten

300 g Rauchaal • 150 g Linsen (am besten die kleinen französischen Berglinsen, »Le Puy« Linsen) • 1 kleiner Bund Wurzelgemüse (1/2 Stange junger Lauch, 1 Karotte, 1 Zweig frisches Selleriegrün, 3 Schalotten) 20 g Schweineschmalz • 50 g geräucherter Speck • Salz • Pfeffer • 1 TL Majoran 1 kleines Sträußchen gehackte Blattpetersilie • 1 l Rinderbrühe • Muskat

Zubereitung

Den Aal am besten gleich beim Fischhändler vorbereiten lassen. Oder selbst den Aal auf der Rücken- und Bauchseite einritzen, die Haut abziehen und die beiden Filets von der Gräte lösen.

Die Linsen waschen, kleine »Le Puy« Linsen müssen nicht eingeweicht werden. Die Wurzelgemüse in feine Würfel schneiden und dann die Schalotten, den Lauch und die Karotten zusammen mit dem Schweineschmalz und dem in Streifen geschnittenen Speck hellbraun anschwitzen. Danach mit der Brühe aufgießen und das Ganze zum Kochen bringen. Die Linsen in die Brühe geben und 30 Minuten bei mäßiger Hitze durchkochen. Zwischendurch die Linsen immer wieder probieren. Sind sie weich, haben aber noch einen etwas festen Kern, die Gewürze, Kräuter, die Petersilie und das Selleriegrün dazugeben. Alles nochmals fünf Minuten durchkochen. Mit Salz und Pfeffer abschmecken.
Zuletzt den in Streifen geschnittenen Aal dazugeben und servieren.

Weinempfehlung

Grauburgunder Spätlese trocken, Weingut Kusterer, Esslingen.

Anmerkung

Geräucherter Aal ist aus der Mode gekommen. In den 50er und 60er Jahren durfte dieser Fisch auf keinem festlichen Bankett fehlen – heute wird er als »zu fett« verschmäht. Deshalb beim Fischhändler bitte ganz junge Aaale aussuchen, die nicht so fett sind und am besten gerade warm aus dem Rauch kommen. Dann hat dieser Fisch das beste Aroma. Die Linsen sollten französische Berglinsen (Puy-Linsen) sein. Die Komposition von Linsensuppe und Räucheraal ist ein tolles Geschmackserlebnis! Vielleicht ist das die Suppe für einen der Festtage?

Zimtgrießstrudel mit Pralineneis

Hans Stefan Steinheuer, »Zur Alten Post«, Bad Neuenahr

Zutaten

Strudelteig:
100 g Mehl • 50 ml lauwarmes Wasser
8 ml Öl • 2 g Salz

Strudelfüllung:
2 EL Rosinen • 0,1 l Rum • 50 g Butter
Abrieb von 1/2 Zitrone • Prise Salz
1 EL Vanillezucker • 2 Eigelbe • 50 g Grieß
0,15 l Sauerrahm • Prise Zimt • 2 Eiklar
40 g Zucker

Pralineneis:
0,2 l Milch • 0,2 l Sahne • 30 g Zucker
3 Eigelbe • 75 g Zartbitterschokolade
75 g Nougat • 20 ml Amaretto • 20 ml Cognac

Sabayon:
0,4 l Orangensaft • 0,1 l Portwein
je 1 Orangen- und Zitronen-Zeste (s. S. 72)
1 Teebeutel schwarzer Tee • 1 Prise Zimt
1 Nelke • 1 Prise Kardamom • 10 ml Grand Marnier • 10 ml Rum • 4 Eigelbe • 50 g Zucker

Kochwasser:
1 l Wasser • 100 g Zucker

Paniermasse:
1 EL Zucker • 1 TL Zimt • 100 g Paniermehl
50 g Butter

Garnitur:
Schokoladenspäne • Puderzucker

Zubereitung

Zimtgrießstrudel:
Die Zutaten für den Strudelteig kneten und anschließend eine Stunde kühl stellen.
Die Rosinen für die Füllung in Rum aufkochen.
Die Butter schaumig schlagen und Zitronenabrieb, Salz, Vanillezucker, Eigelb, Grieß, Sauerrahm, Rosinen und Zimt hinzufügen. Eiklar und Zucker schlagen und unter die Butter-Grießmasse heben. Den Strudelteig dünn ausziehen und in vier gleichgroße Quadrate teilen, die Ränder mit Eigelb bestreichen, die Füllung aufteilen und die Strudeltaschen zusammenrollen.

Pralineneis:
Milch und Sahne aufkochen, in die aufgeschlagene Eigelb-Zuckermasse geben und auf einem Wasserbad zur Rose abziehen. Die Masse passieren und die aufgelöste Schokolade und das Nougat einrühren. Beim Frieren in der Eismaschine Amaretto und Cognac zugeben.

Punchsabayon:
Die Sabayonzutaten – ohne Eigelbe und Zucker – aufkochen, bis auf 0,15 l einkochen und sieben. Eigelbe und Zucker verrühren, die eingekochte Flüssigkeit darauf geben und das Ganze schaumig im Wasserbad aufschlagen. Die gefüllten Strudelteigblätter im Wasser unter Zugabe von Zucker zirka fünf Minuten pochieren.

Paniermasse:
Butter schmelzen und mit Zucker, Zimt und Paniermehl vermischen. Die gekochten, abgetropften Strudelteigrollen darin wälzen und anschließend mit Puderzucker bestäuben.

Zum Anrichten die Strudelrollen in drei Scheiben schneiden und auf einen Teller legen. Das Pralineneis sowie das Punchsabayon neben die Scheiben geben mit Schokoladenspänen garnieren.

Weinempfehlung

Spätburgunder Auslese oder Beerenauslese, Weingut Weilerhof, Ahrweiler.

Anmerkung

Es ist eine Kunst, ein Sabayon zuzubereiten. Man benötigt exakt die richtige Temperatur, damit es perfekt gelingt. Und es schmeckt köstlich. Auch bei diesem Winterdessert werden Aromen verarbeitet, die an weihnachtliche Leckereien erinnern.
Die Zubereitung erfordert allerdings etwas Zeit.

Die Köche

Achim Müller

Achim Müller, Jahrgang 1951, ist waschechter Badener. Seine Heimat ist das malerische Murgtal und sein Kochstil ist typisch für diese Region. Nach seinen Lehrjahren im Hotel Morgenröte in Baden-Baden und der mehrjährigen Gesellenzeit in Katzenbergers Adler in Rastatt kochte er im Waidhof in Lörrach und im Romantikhotel Hirschsprung in Detmold/Westfalen. Danach führten Achim Müller und seine Frau Ursel ihren ersten eigenen Betrieb, das Restaurant Adler in Gaggenau. Der Adler avancierte innerhalb weniger Jahre zu einer der besten Adressen in Nordbaden. 1995 übernahm Familie Müller das Restaurant Waldhorn in Baden-Baden und erhielt auch dort schon im ersten Jahr die lobende Anerkennung der maßgeblichen Restaurantführer Guide Michelin und Gault Millau. Achim Müllers kulinarische Vorlieben sind Fisch- und Wildgerichte. Der passionierte Jäger und Hundeliebhaber schätzt badischen Riesling und Gutedel aus dem Markgräfler Land.

Karl-Emil Kuntz

Karl-Emil Kuntz, Jahrgang 1958, repräsentiert die Pfalz mit ihrer ganzen kulinarischen Vielfalt. Seine Ausbildung genoß er im Erbprinzen in Ettlingen, den letzten Schliff bekam er von seinem großen Vorbild, dem schweizer Meisterkoch Hans Stucki in Basel. Neben der Meisterprüfung als Koch erlernte Karl-Emil Kuntz auch das Konditor-Handwerk. Innerhalb weniger Jahre machte der drahtige Hobby-Marathon-Läufer den elterlichen Betrieb, das Restaurant Zur Krone in Herxheim-Hayna, zu einer der besten Adressen Deutschlands. In seinem zweiten Lokal, den Pfälzer Stuben, kocht Kuntz regional pfälzisch. Der 10 bis 15 Kilometer lange Waldlauf morgens um 6 Uhr ist für den dreifachen Familienvater eine tägliche Pflichtübung. Karl-Emil Kuntz liebt außerdem den Motorsport und den trockenen Riesling aus Birkweiler. Seine Rezepte wurden in zahlreichen Kochbüchern, in Tageszeitungen sowie in Fernsehen und Radio veröffentlicht.

Edy Ledig

Edy Ledig, Jahrgang 1953, ist gebürtiger Elsässer und erlernte den Kochberuf im Restaurant Au Romain in Straßburg. Diese Jahre waren prägend für seinen unverwechselbaren Kochstil. Edy Ledig erlebte dann den Aufschwung der deutschen Spitzenküche auf der anderen Seite des Rheins in Baden, im damals berühmten Ortenberger Hof bei Offenburg und im berühmten Ritter in Durbach. 1977 machten sich Edy Ledig und seine Frau Renate selbständig und führten die Linde in Niederschopfheim bei Lahr. Danach eröffneten sie in Offenburg das Restaurant Le Canard. 1992 wurden Ledigs Kochkünste mit dem begehrten Michelin-Stern ausgezeichnet. Nach einigen Jahren in der kulinarischen High Society wendete sich Edy Ledig wieder der bodenständigen, regionalen Küche zu und eröffnete 1995 Edy's Restaurant im ehemaligen Hotel Glattfelder in Ortenberg bei Offenburg. Seine Hobbys sind Reisen und der beachtliche Weinkeller des Hauses.

Vincent Klink

Vincent Klink, Jahrgang 1949, ist Vollblutschwabe und hat das Restaurant Wielandshöhe in Stuttgart zu einer der angesehensten kulinarischen Adressen in Deutschland gemacht. Nach Lehr- und Gesellenjahren in Katzenbergers Adler in Rastatt, dem ehemaligen Restaurant Humpelmayr in München und der Selbständigkeit im Restaurant Postillion in Schwäbisch Gmünd bereichert er nun Baden-Württembergs Landeshauptstadt mit seiner neuen Art schwäbischer Küche. Sein Lieblingsvogel in der Küche ist die Ente. Vincent Klink ist verheiratet und hat eine Tochter. Der umtriebige Meisterkoch verehrt Frankreichs Küchenpapst Paul Bocuse. Er gehört zur sogenannten »Slow-Food-Vereinigung«, spielt Querflöte und schreibt Essays und Kurzgeschichten. Nach zahlreichen Veröffentlichungen in FAZ, Stern, Süddeutsche Zeitung und Die Woche tritt Vincent Klink natürlich auch im Fernsehen auf. Im Frühjahr 1998 erscheint sein drittes Buch.

Hans Stefan Steinheuer

Hans Stefan Steinheuer, Jahrgang 1959, hat seine Wurzeln im Rheinland und eine Bilderbuchkarriere hinter sich. Nach seinen Lehr- und Wanderjahren unter anderem in den renommierten Schweizer Stuben in Wertheim übernahm er 1985 den elterlichen Betrieb, das Restaurant Zur Alten Post in Bad Neuenahr. Dort kocht Steinheuer mittlerweile hochdekoriert auf zwei Ebenen: Einerseits bietet er in seinen Poststuben eine regionale Küche an, anderseits ist sein Gourmetrestaurant mittlerweile eine der Top-Adressen in Deutschland. Steinheuers liebste Produkte in der Küche sind Fisch und Wild. Hans Stefan Steinheuer ist verheiratet und hat drei Kinder. Den Betrieb führt er zusammen mit seiner Ehefrau Gabi. Als Hobbys nennt Hans Stefan Steinheuer seine Familie, Reisen und den Wein. Seine besondere Vorliebe gilt dem Wein von der Ahr, der von einer Handvoll junger Winzer aus der nahen Umgebung gemacht wird, insbesondere dem heimischen Spätburgunder. Hans Stefan Steinheuer fungiert seit 1996 als Präsident der »Jeunes Restaurateurs Deutschland«.

Der Autor

Foto: Klaus Schultes

Andreas Doms

Andreas Doms ist Journalist, Buchautor und Hobby-Koch aus Leidenschaft. Der 1955 geborene Niederrheiner kam Anfang der 80er Jahre von der Neuen Rhein Zeitung in Düsseldorf in's Badische und arbeitet seit 1984 für den Südwestfunk in Baden-Baden. Nach 10 Jahren als Redakteur und Moderator bei SWF3 wechselte er zum Ersten Hörfunkprogramm SWF1. Andreas Doms ist mittlerweile als Freier Journalist, Moderator und Autor tätig. Seine Beiträge aus dem Bereich »Essen und Trinken« haben seit Jahren einen festen Hörerstamm.
Die Redaktion erreichen jährlich tausende von Zuschriften und Rezeptanfragen. In diesem Buch zur gleichnamigen SWF1-Hörfunk-Serie verrät er zusammen mit fünf Spitzenköchen aus dem Südwesten 60 Profi-Rezepte – dazu viele Tips und Tricks. Alle Gerichte sind saisonal nach der jeweiligen Jahreszeit geordnet und in einer normalen Küche nachzukochen. Kulinarische Neugier ist das Arbeitsprinzip: Andreas Doms beschreibt sich selbst als »notorischen Topfgucker« und war in dieser Eigenschaft in Fernsehsendungen prominenter deutscher Köche zu Gast. Unter anderem schrieb er für die Familie Haeberlin im Elsaß einen Jubiläumsband über das renommierte Drei-Sterne-Restaurant »Auberge de l`Ill« in Illhaeusern, dessen Küche anerkannt zu den besten der Welt zählt. Andreas Doms bezeichnet die gute Küche im Südwesten der Bundesrepublik als »kulinarisches Bermuda-Dreieck«. Er liebt trockene Weißweine aus Baden und Rheinland-Pfalz, elsässische Rieslinge und französische Bordeaux-Weine. Seine Kompetenz im Bereich der Wildgerichte hat er sich unter anderem durch 25 Jahre Revierpraxis als Jäger erworben.